AF392213

Edición: Cuarta. Junio de 2013
(1ra. edición mayo de 1995)

ISBN: 978-84-92613-92-2

Diseño: Gerardo Miño
Composición: Eduardo Rosende
Corrección de edición: Claudio Daniel Mignini

e-mail producción: produccion@minoydavila.com
e-mail administración: info@minoydavila.com
web: www.minoydavila.com

Alicia **de Alba**

Curriculum:
crisis, mito y perspectiva

ÍNDICE GENERAL

Prólogo

por Adriana Puiggrós

La pedagogía latinoamericana tuvo entidad teórica desde la época de la hegemonía liberal, es decir, desde la segunda mitad del siglo pasado hasta mediados del siglo XX. A partir de entonces la problemática educativa ha carecido de suficiente reflexión.

El practicismo de izquierda rechazó la producción de teoría durante los años '70 y '80, a fines de los cuales el pragmatismo de derecha lo sustituyó en el lugar del antiteoricismo. En ambos casos la separación entre la teoría y la práctica trajo consecuencias sobre el desenvolvimiento de la educación, operando un empobrecimiento de la práctica de los docentes y una descalificación de su formación profesional. Los currícula llegaron a ser reducidos a series encadenadas de acciones en pos de objetivos, a operaciones de control de la conducta. La producción pedagógica se empobreció, aparentemente despojada de toda teoría.

Cabría, sin embargo, preguntarse si tal teoría era realmente inexistente, o bien su forma de existencia era precisamente la de negar su propia necesidad, actuando sobre el discurso curricular de manera de limitarlo, empobrecerlo. Esa forma de actuar es típica de las concepciones tecnocráticas, a las cuales es un error restar capacidad de producción discursiva, es decir de producir efectos políticos y, en el caso de nuestro tema, político-pedagógicos.

Alicia De Alba se colocó, precisamente, en el lugar del conflicto que acabo de anunciar, para iniciar sus reflexiones sobre el currículum, la modernidad y la postmodernidad. Cambió la ubicación del investigador, y encaminó su lucha contra la forma de construcción discursiva que encerró el término currículum en la discusión de los últimos años. En cierta medida puede decirse que Alicia De Alba comenzó a realizar su deconstrucción y, por lo tanto, abre una catarata de interrogantes.

El enfoque pone en crisis la limitación de currículum al plan de estudio, pero también las críticas que se le han hecho. La noción de "currículum oculto" muestra sus limitaciones, dado que supone la existencia de una "verdad" que sería en última instancia lo que en la escuela se transmite, a la cual se opone una construcción falsa, mitificadora. De Alba propone analizar al currículum como un entretejido de problemas provenientes de la sociedad, entendiendo a esta última como un conjunto de antagonismos.

El currículum se abre así como un campo problemático, del cual surgen líneas de análisis distintas, se perfilan objetos de organización variados, surgen tramas complejas en las cuales se gestan sujetos, se los recorta, se los reprime o se habilita su desarrollo.

Según nuestra interpretación, el interés del currículum, en este enfoque, está en las articulaciones antes que en los contenidos, al contrario de las teorías clásicas, que adjudican a los contenidos un valor esencial, sustancial. Los contenidos curriculares se constituyen como consecuencia de la relación discursiva que se produce en el proceso de determinación curricular, noción valiosa que introduce Alicia De Alba. No existen contenidos previos o externos al proceso de producción del currículum, porque ese proceso modifica los discursos disciplinarios, los amasa formando un nuevo producto, que está orientado hacia la constitución de sujetos. La pedagogía, cosificada durante varias décadas, recupera su derecho a la autonomía intelectual porque deja de ser un campo reflejo de disciplinas externas y manifiesta su propia lógica.

La monotonía que caracterizó durante demasiado tiempo los trabajos sobre currículum queda rota por los cuestionamientos que cruzan el libro que presentamos. A partir de la duda sobre la noción tradicional de currículum surgen los personajes antes aplanados por el lenguaje tecnocrático, pero aún vivos. Son los sujetos, con los cuales ningún programa normalizador de la enseñanza y el aprendizaje ha logrado jamás acabar. La propia normalización tecnocrática del currículum no es otra cosa que una modalidad de constitución de sujetos. Subvertir la noción clásica de currículum es hacerlo con el programa de formación de los sujetos que tal noción proyecta.

La línea de trabajo que Abrió Alicia De Alba en el Centro de Investigaciones sobre la Universidad (CESU), de la Universidad Nacional Autónoma de México tiene importancia por convocar a la discusión y abrir cuestionamientos innovadores.

La publicación de este libro en la Argentina es auspiciada porque existe en la actualidad un interés extendido entre docentes y educadores en general por alternativas a las visiones pedagógicas dominantes tanto como a sus tradicionales críticas. En los últimos años los cursos para docentes son multitudinarios aun en los lugares más alejados del país, especialmente cuando se trata de conferencistas críticos o innovadores. Los docentes no reducen su lucha al reclamo salarial, sino que, como en las primeras décadas del siglo, han unidos sus reivindicaciones laborales y profesionales al reclamo por mejores condiciones pedagógicas de trabajo. Tal es la razón por la cual la literatura educativa tiene hoy un lugar importante en la industria editorial argentina.

Seguramente este libro contribuirá a que los educadores se pregunten acerca de los secretos que encierra el proceso de enseñanza-aprendizaje, desprendiéndose de lo evidente, tratando de entender y revalorizando su propia práctica, encontrando el sentido que tiene su cotidiano quehacer. En esta época es muy importante estudiar las operaciones de construcción de los discursos pedagógicos y, en particular, de los currícula. Los mismos conceptos son utilizados por intereses contrarios, aunque articulados de maneras distintas y produciendo, por lo tanto, efectos diferentes.

Muchos de los términos que formaron parte del lenguaje pedagógico progresista han sido acaparados por el discurso neoliberal, que usa *descentralización, evaluación, participación* para producir efectos antidemocráticos, para desplegar un discurso que desmoviliza y dispersa. Tales mecanismos han sido también usados para la construcción de los currícula en el marco de los proyectos educativos neoliberales. Poner en crisis el significado de *currículum* es una operación necesaria para no quedar atrapados en los sentidos que le otorga el neofuncionalismo pedagógico. Esperamos que este libro ayude a los lectores en tal tarea y les abra posibilidades para pensar la educación de una manera nueva.

Adriana Puiggrós

Buenos Aires, 3 de octubre de 1994

PRESENTACIÓN

Al inicio de la década de los noventa, nos encontramos ante una situación compleja en cuanto a la orientación, el diseño, el desarrollo y la evaluación de los currícula escolares y, de manera específica, de los universitarios. Desde nuestro punto de vista el campo del currículum en el momento actual en México tiene las siguientes características:

- Se encuentra en crisis, afectando, tanto a los discursos como a las prácticas, en múltiples aspectos y dimensiones.
- Cuenta hoy en día con un acervo de experiencias curriculares y de producción discursiva, que data de las dos últimas décadas, que exige de un acucioso análisis y recuperación crítica que funcione como parte del sustento de nuevas propuestas.
- Se encuentra ante la exigencia conceptual, social, institucional e histórica de analizar perspectivas que le permitan desarrollarse de manera cualitativa, tal como lo exige la sociedad global en este momento, ante los cambios acelerados y trascendentes que estamos viviendo en este fin de siglo y ante los retos que está planteando el siglo XXI.

El presente volumen explora estas características, y su organización responde al tratamiento específico de cada una de ellas, por lo que lo hemos dividido en tres partes, dedicándoselas a cada una de las características señaladas, las cuales responden al subtítulo del trabajo: *crisis* para la primera parte, *mito* para la segunda, y *perpectivas* para la tercera.

El volumen viene a ser un momento de cierre de un período prolongado de investigación sobre el campo del currículum, en el cual hemos participado a través de diversas actividades institucionales, interinstitucionales, nacionales e internacionales que han permitido el avance de esa investigación, y su socialización a través de la generación de múltiples productos vinculados a ella. Sin embargo, lo que ahora se presenta es aquella parte que responde más a la necesidad de elaboración, de confrontación con el propio pensamiento y con los supuestos hipotéticos iniciales de los que se parte generalmente cuando se quiere comprender algún aspecto o dimensión de la realidad. Necesidad de elaboración que requiere del trabajo prolongado, individual y solitario del estudioso de cualquier campo, me refiero a ese trabajo que demanda retiro y aislamiento, el encuentro del investigador consigo mismo, para generar y exponer su trabajo para su análisis por parte de sus pares y de sus lectores.

El volumen es una síntesis que recupera elementos conceptuales de importantes trabajos de las dos últimas décadas por autores mexicanos, de otros países de América Latina y norteamericanos e ingleses; los que se articulan y presentan con elementos conceptuales propios, con los cuales no se contaba al inicio de la investigación en 1986.

La crisis a la cual se refirió Schwab en 1969, con diferentes matices y particularidades, atraviesa hoy en día al campo del currículum en países como el nuestro.

En el terreno de los discursos y de las prácticas educativas se han debatido una postura técnica y otra crítica que se han afectado de diversas maneras y que han ocasionado que en el momento actual podamos hablar de una *crisis* del currículum, en el cual se observan dos tendencias, una a su superación cualitativa, lo cual requiere de la generación de nuevos paradigmas y nuevas prácticas, y otra hacia la reiteración circular y paralizante de este momento crítico. Esta problemática se aborda en la primera parte del volumen.

En la segunda mitad de la década de los setentas y en la década de los ochentas, y debido a factores tanto académicos como geopolíticos, México fue una sede importante en América Latina en cuanto a la gestación y el desarrollo incipiente de un discurso crítico en el campo del currículum. Sin embargo, la complejidad misma del discurso y la inercia de las prácticas educativas institucionales, entre otras cuestiones, han propiciado que este discurso crítico fuera en muchas ocasiones como un *mito* que obstaculiza las transformaciones curriculares, apacigua a las mentes inquietas y permite a muchos portar un emblema de cambio y transformación, que en la práctica se ha traducido fundamentalmente en la obtención de espacios de poder en los cuales el discurso cobra sentido en sí mismo y no en su capacidad de afectación y transformación de las prácticas y las instituciones.

No obstante la situación crítica que se ha señalado y el mito al que nos hemos referido, México se encuentra con una importante riqueza en materia de currículum, que ha heredado de las dos últimas décadas; ante tal riqueza, y afrontando la crisis y el mito, se encuentra la exigencia conceptual, social, institucional e histórica de analizar perspectivas que permitan el desarrollo cualitativo del campo del currículum, tal y como lo exige la sociedad global en este momento, reconociendo los cambios acelerados y trascendentales que estamos viviendo en este fin de siglo y ante los retos que está planteado el siglo XXI.

Dedicamos la tercera parte del volumen al planteamiento inicial de algunas de estas perspectivas, desarrollamos nuestra propia concepción de currículum y de determinación curricular, exponemos algunas de las coincidencias existentes entre el pensamiento crítico que se ha desarrollado en México y la pedagogía radical de Giroux y McLaren; por último esbozamos algunas cuestiones sobre el carácter político de los currícula universitarios en este momento de cambios y crisis en múltiples ámbitos de la vida social.

De hecho, esta tercera parte se constituye en el cierre del volumen y en la apertura de un proyecto de investigación, a través del cual pretendemos abordar la problemática de los retos que el siglo XXI está planteando en materia de determinación curricular a las universidades públicas de países como el nuestro, ya que si bien es cierto que los avances de la ciencia y la tecnología, y la preponderancia actual del libre comercio como base de organización social son innegables como tendencias y como desarrollos sociales actuales, es cierto también que para asumir tales tendencias, o para colaborar en la construcción de una nueva utopía social deseable y posible, el currículum universitario debe constituirse en una posibilidad para desarrollar una de las más complejas e importantes capacidades humanas: *la capacidad de pensar.*

I. La Crisis

1. Currículum: discurso y práctica, ¿hacia los límites o la transformación?

En septiembre de 1987, analizando la problemática del campo curricular con un grupo académico de la ENEP Zaragoza de la UNAM[1], éste señaló los siguientes aspectos, preocupaciones y tópicos de interés:

1. Falta de socialización de la fundamentación de las propuestas curriculares en relación con amplios sectores de docentes, autoridades y estudiantes.
2. Problemática metodológica-técnica (instrumentación) de los currícula, desde una perspectiva crítica.
3. Importancia de la relación evaluación curricular-investigación.
4. Problema de la historización de los currícula.
5. Ausencia de análisis particulares y concretos de las distintas relaciones y problemáticas de los currícula.

---

1   Escuela Nacional de Estudios Profesionales Zaragoza (ENEP-Z) de la Universidad Nacional Autónoma de México (UNAM).

6. El asunto de la participación de docentes y alumnos en los procesos de la evaluación curricular.

7. Tendencia a medir, más que a identificar, problemas en las investigaciones curriculares.

8. Complejidad de la relación plan de estudios modelo-plan de estudios vivido.

9. Relación entre la confrontación teórico-conceptual de un campo y la definición de los currícula que con él se vinculan, así como del sistema de enseñanza-aprendizaje que a éstos corresponda.

10. La problemática de adentrarse en el campo curricular de manera casual.

11. Desvinculación de los especialistas y los equipos académicos que se dedican a los proyectos curriculares en las universidades y demás instituciones educativas del país.

12. La ausencia de un trabajo más consistente entre los aspectos económicos y el currículum.

A este equipo le hice notar que de entre sus intereses y preocupaciones se lograba apreciar una *ausencia* central: *la problemática formativa*.

En el seminario sobre el origen y el desarrollo del campo curricular, llevado a cabo en Jalapa en octubre de 1987, se señalaron como puntos problemáticos o de interés fundamental en el campo del currículum los siguientes:

- falta de conceptualización del currículum,
- la desarticulación entre el campo de trabajo y lo que se contempla en el currículum,
- el monismo metodológico frente al reclamo de la diversidad de métodos,
- los ámbitos de poder y las confrontaciones de hegemonía y contrahegemonía en el campo del currículum,
- falta de procesos de evaluación en los planes ya establecidos,

- los documentos que son los productos terminales del estudio y desarrollo del currículum no son lo suficientemente explícitos para transmitir las ideas y objetivos a los catedráticos y a los alumnos que lo llevarán a la práctica,
- desconocimiento del campo del currículum,
- falta de participación,
- la influencia de la antigua corriente cuyo éxito se debe, en gran medida, a que da "recetas" (no hay que buscar pensar),
- el desconocimiento de las implicaciones del currículum,
- la desvinculación e incongruencia de los contenidos curriculares con la realidad social,
- las materias que conforman los planes de estudio no corresponden a las necesidades de la sociedad en este momento.

Por otro lado y refiriéndonos a la situación del campo en Estados Unidos, Phillips Jackson (1981: 18-19) en su trabajo *"El currículum y sus descontentos"*, señala los siguientes como los puntos principales de descontento en el campo del currículum:

- "El razonamiento de Tyler es caduco y tenemos poco o nada con qué reemplazarlo".
- "Nuestras maneras actuales de pensar y hablar de las escuelas y de la educación no hacen justicia a la complejidad y dignidad de la condición humana".
- "El control del currículum está en manos de los tecnólogos, elaboradores de pruebas, editores de los libros de texto y administradores escolares".
- "Nuestras escuelas están perdiendo de vista los valores y metas humanísticas".
- "Los trabajadores del currículum tienen poco que ofrecer a los profesores que les sea de ayuda directa".
- "Se están ignorando las dimensiones estéticas y espirituales de la experiencia educativa".

- "Nuestras escuelas están dañando a muchos estudiantes, particularmente a los niños y a las minorías de pobres y oprimidos".

Los problemas señalados, en tres momentos distintos y por tres diferentes portavoces, apuntan hacia la necesidad de asumir la crisis en la cual se encuentra el campo del currículum.

Esta crisis, desde luego, se expresa y desarrolla de manera distinta en los países altamente industrializados y en los nuestros; sin embargo, el hacer referencia a aquélla en éstos se debe tanto a la influencia que ejercen sobre nosotros como a la interrelación e interdependencia mundial en todos los campos, perspectiva desde la cual el campo curricular en nuestro país se ve afectado por lo que sucede en el campo del currículum en el resto del mundo y, de manera específica, en los Estados Unidos.

El intentar comprender las características y las formas de expresión particulares de la crisis del currículum en nuestro país, se vincula con el carácter político-académico de toda propuesta curricular, y no así con un afán de erudicción academicista.

Lo cierto es que a través de los currícula universitarios estamos formando a las nuevas generaciones de profesionales que se están incorporando al mercado de trabajo, y a la sociedad civil en general, en un momento de crisis en distintos ámbitos.

En este sentido, se intenta en seguida un acercamiento a la situación que hoy se vive en el campo del currículum.

En cuanto al discurso sobre el currículum pueden diferenciarse dos tendencias: una de corte crítico, que se ha venido desarrollando en los últimos diez años, la cual es relativamente consistente en sus planteamientos, pero tiene un incipiente arraigo en los procesos curriculares concretos. Y otra de corte técnico, duramente criticada, pero con un fuerte arraigo en los procesos curriculares concretos, la cual ha intentado recuperar las críticas refuncionalizando sus aportes al incorporarlos a su lógica interna. En la primera:

"se critica el diseño curricular por objetivos, se propone el trabajo de programación a partir de las estructuras conceptuales; en esta tarea se subraya el papel del docente; se intenta la reconceptualización de la noción misma de objetivos y de su vinculación con el problema de la acreditación y la evaluación; el modelo curricular de las UAMs (especialmente el modelo Xochimilco) impacta de manera significativa al campo; destaca la discusión sobre las diversas nociones de práctica profesional entre la UAM-Azcapozalco y la UAM-Xochimilco; el plan A-36 de Medicina también impacta al campo curricular; se desarrollan intentos para trabajar desde una perspectiva amplia de participación en los procesos curriculares; se lleva a cabo una relectura de los autores clásicos (específicamente de Tyler y Taba); se expresan de manera incipiente algunos intentos por develar el origen y el desarrollo del campo a partir de su reconstrucción histórico-conceptual; se habla de currículum oculto; se diferencia el currículum formal del currículum vivido; se elaboran autocríticas por parte de algunos autores; se incorpora la perspectiva del análisis de lo cotidiano al campo del currículum en educación superior; se critica la búsqueda del modelo; se postula la importancia del sujeto; se reconoce al currículum como práctica social; se trabaja sobre la relación entre el currículum y la formación docente, se empieza a señalar la imposibilidad del desarrollo del discurso curricular, se señala su agotamiento"(De Alba, 1987:2-3).

En la tendencia técnica, después del auge del diseño por objetivos se observan como influencias y rasgos importantes: el énfasis en el análisis del contenido, la preeminencia de la noción de planificación en el campo educativo y en el curricular, así como, en estrecha viculación con ésta, la noción de evaluación.

En esta línea cobra importancia la evaluación de programas. El problema del currículum se concibe como una tarea de readecuación a los nuevos fines y como un camino hacia el logro de las metas establecidas en los programas; en esta dirección, la

- la *ausencia* de análisis particulares que permitan comprender la complejidad de los distintos currícula –en esto es especialmente interesante el estudio de las implicaciones del nuevo modelo de desarrollo económico (tercera revolución industrial, auge de la microelectrónica, preponderancia mundial de la economía de mercado) en el campo del currículum– la descalificación de ópticas analíticas afines y complementarias a partir de privilegiar una sola óptica;
- la *ausencia* de reflexión y elaboración sobre la dimensión metodológica desde una perspectiva crítica.

Esta difícil situación en la que se encuentra el campo del currículum tiende, o bien hacia los límites del desarrollo discursivo y la reiteración circular de la práctica, o bien hacia una transformación profunda.

El caminar hacia los límites discursivos y la circularidad práctica apunta a la reproducción funcional y mecanicista del campo, en la cual sus problemas centrales permanecen ausentes y obscuros; intentar su transformación implica transformar el discurso, la práctica y su relación.

Esta transformación requiere de ir a la comprensión de sus problemas principales, tanto en lo que concierne al desarrollo social amplio en el plano internacional y su influencia en la determinación de ciertos aspectos de los currícula, como el análisis de las particularidades de nuestros países (y de cada uno de éstos) y su influencia en lo curricular.

De acuerdo a lo anterior se consideran importantes –entre otros– los siguientes puntos de reflexión.

Un aspecto central es la *formación* de los equipos de trabajo en las instituciones educativas, así como la de los especialistas. En esta línea formativa sería importante incorporar los aspectos centrales de la polémica en torno a la teoría pedagógica o ciencia(s) de la educación, así como el asumir la influencia determinante de los teóricos norteamericanos y europeos en el pensamiento curricular, y la necesidad de enriquecer el campo con los aportes del pensamiento latinoamericano.

Esta asunción implica llevar a cabo tanto un esfuerzo por lograr un mejor nivel de actualización en el campo, y de difusión del trabajo que se hace en nuestros países, como el lograr una incorporación verdaderamente crítica y analítica de este pensamiento que nos influye de manera determinante.

En este momento es relevante la incorporación del pensamiento crítico que se ha estado desarrollando en Estados Unidos e Inglaterra.

Nos parece que de los autores de estos países son especialmente significativos para nosotros aquellos que incorporan en sus posiciones el análisis de la problemática cultural, social, política, ideológica y económica a través de las mediciones propias de los procesos educativos, nos referimos en particular a autores como Giroux, Apple, McLaren y Willis (entre los más destacados).

Para nosotros Giroux y McLaren cobran una significación especial en la medida en que en el centro de su pensamiento se encuentra un real interés emancipador. Sus trabajos se esfuerzan por develar los mecanismos ocultos y específicos de dominación, transmitidos en el seno de la institución escolar, acordes con las necesidades sociopolíticas de dominación en la sociedad actual. Si bien sus análisis se centran en la sociedad estadounidense, el alcance de sus críticas toca la esencia del funcionamiento de la institución escolar en las sociedades afectadas por el proceso de la industrialización.

"Los procesos sociales de muchas aulas militan contra desarrollar en los estudiantes un sentido de comunidad. Como en el orden social global la competitividad y el esfuerzo individual se encuentran en el corazón de la escolaridad americana. En términos ideológicos, la colectividad y la solidaridad social representan poderosas amenazas al ethos del capitalismo. Este ethos está construido no sólo sobre la atomización y la división del trabajo, sino en la fragmentación de

la conciencia y de las relaciones sociales. La estructura de la escola-
ridad reproduce el ethos de la privatización y la postura moral del
egoísmo en casi cualquier nivel de los currícula formales y ocultos"
(Giroux-Penna: 1981).

Si bien es importante la no negación de la influencia del pensamiento norteamericano y del europeo, es fundamental, como ya se señaló, el conocimiento de los autores latinoamericanos que han desarrollado trabajos en el campo del currículum, específicamente los que han escrito en México en los últimos diez años, por la importancia geopolítica y académica de nuestro país en esta producción.

Este pensamiento desarrollado en México se ha caracterizado, tanto por la crítica al pensamiento de corte técnico como por la búsqueda de un pensamiento curricular capaz de responder a necesidades sociales amplias, emancipatorias.

Otro aspecto fundamental, vinculado con los anteriores, es el esfuerzo por historizar, tanto los currícula particulares (lo cual se ha venido señalando desde hace casi diez años) como la construcción misma del campo, concibiéndolo como un espacio de intervención institucional y un campo de estudio específico. Esto es, recuperar un sentido histórico al interior del campo del currículum y en relación a cada currículum específico.

La tarea de historizar –tanto los currícula específicos como el campo mismo del currículum– se ubica en la inquietud de que se pueda negar el pasado, en sentido hegeliano, al objetivarlo como historia. Lo cual nos permite asumirnos como sujetos sociales que devienen de dicho pasado histórico o historizado. El historizador permite y posibilita la comprensión de los procesos sociales desde la perspectiva de su devenir concreto.

Ahora bien, en este momento, ante la instauración de un nuevo modelo económico en el cual nuestros países están destinados a cumplir funciones subordinadas pero difícilmente esquivables, ante la inminente modernización, expresión última del proyecto de la modernidad, ¿en qué tipo de currículum podemos pensar?

Intentar en este momento respuestas relativamente acabadas a tal interrogante no sólo resultaría arriesgado, sino ingenuo; sin embargo, es necesario esforzarse por pensar en esta compleja relación: currículum-modernidad (en su expresión actual como modernización).

Algunos autores han iniciado un trabajo interesante en esta línea, es importante escuchar sus voces; sin embargo, cabe señalar que

"dependerá de todos los miembros del campo, de acuerdo al papel que cada quien desempeñó en él, el que las elaboraciones conceptuales, los análisis y las propuestas en esta línea, se inscriban en un movimiento de transformación consistente, que tienda al enriquecimiento y a la consolidación del campo, o que se convierta en el nuevo canto de la sirena que nos apacigüe en este momento crítico" (De Alba: 1987b).

En esta tarea reflexiva parece interesante apuntar las siguientes cuestiones.

Hace algunos años Roberto Follari (1983) y Ángel Díaz Barriga (Díaz Barriga-Barrón Tirado: 1983/1984), con distintos énfasis señalaban la importancia de privilegiar una sólida formación teórica ante el embate de la tendencia curricular que pugnaba por diseñar los currícula de acuerdo a las funciones profesionales o tareas desempeñadas por los egresados en el mercado de trabajo. Hoy en día ante los acelerados avances de la microelectrónica y de la tecnología de punta en general, esta formación teórica básica se empieza a exigir a partir de las necesidades mismas del mercado de trabajo en los países altamente desarrollados.

Esto nos obliga a plantear una diferencia importante entre una formación teórica básica y una crítico-social. Esto es, parece fundamental sostener la importancia de una formación teórica básica en la universidad; sin embargo, también es importante reflexionar sobre la necesidad de una formación crítico-social que le permita al egresado la comprensión del papel que juega su profesión en el contexto social amplio y, por tanto, del que juega él, como profesional, sujeto social parte constitutiva del tejido social.

En esta formación crítico-social cabría un énfasis especial en la dimensión ideológico-cultural específica o particular de nuestro país. Nociones como cultura autónoma, cultura apropiada, cultura enajenada y cultura impuesta (Bonfil Batalla, 1984) parecen tener hoy más que nunca un espacio potencial explicativo en cuanto a las relaciones con la ciencia y la tecnología en países como el nuestro. Traerlas del ámbito de la teoría de la cultura y de la antropología, en los cuales han sido pensadas para el análisis de los sectores populares e indígenas, parece una tarea no sólo importante sino necesaria.

En esta misma línea, la revisión del proyecto ideológico-cultural por el cual están jugando las universidades parece una posibilidad enriquecedora. El trabajo de Bonfil Batalla (1986) en el cual analiza los tres proyectos culturales que se atisban en el horizonte nacional (proyecto Televisa, cultural único y pluri-cultural) aporta elementos centrales.

Parecería caprichoso y con cierta vocación de fracaso el dejar de considerar en los currícula universitarios actuales la incorporación de una vigorosa área tecnológico-práctica.

En síntesis, reflexionar en este momento sobre un currículum que propicie una sólida formación teórica básica, una formación crítico-social (en la cual se incorpore la dimensión ideológico-cultural) y una vigorosa formación tecnológico-práctica parece una tarea que tiende a cobrar importancia. Esto, tanto en los aspectos estructurales-formales del currículum como los procesales-prácticos[2].

---

2   Sobre esto volveremos en la tercera parte del volumen, cuando se aborda la problemática de la determinación curricular.

Con el último señalamiento se quiere enfatizar la importancia de concebir al curículum de manera amplia, así como de intervenir en él en todos sus aspectos y dimensiones. Esto es, en el momento actual, en el cual se prevén cambios en los currícula, es importante volver la mirada a sus aspectos formales-estructurales, al tiempo que se siga insistiendo en la importancia de conocer los procesales-prácticos y la interrelación entre ambos.

De acuerdo a esta complejidad conceptual, a partir de la cual se piensa hoy en día en el currículum, es importante superar la tendencia a asumir una única óptica analítica desvalorizando las demás. Esta situación se vincula directamente con la tendencia a asumir tendencias y metodologías en el campo del currículum más como modas que como alternativas consistentes; desde luego, el nexo de esta asunción de modas con el grave problema formativo –al que nos hemos referido en reiteradas ocasiones– es claro y directo.

En la crisis del currículum se concreta la lucha entre una racionalidad tecnocrática, encubridora de los verdaderos problemas del campo del currículum, la cual ha mostrado sus límites discursivos (enmarcados en una lógica formal-lineal) y sus escasos alcances en los procesos prácticos, que tiende actualmente a una circularidad funcional y engañosa, y una razón crítico-transformadora que se le opone colocando en el corazón de su pensamiento el carácter político-ideológico y sociocultural de toda propuesta curricular, razón que se empeña en conocer y develar los complejos procesos sociales de dominación y resistencia de los cuales forman parte los procesos curriculares y en los cuales se desarrollan.

II. El mito

"Nadie piensa solo. El pensamiento está posibilitado y marcado por el lenguaje que es radicalmente social, interpersonal (...) los diversos lenguajes hay que comprenderlos como "juegos lingüísticos", que poseen sus propias reglas de acuerdo a su contexto o forma de vida (...) el sentido de las palabras supone algo más que definirlas convencionalmente. El significado de las palabras se obtiene a partir de reglas de uso o de comunicación. Estas reglas no son de origen individual, se forjan en un contexto social determinado (forma de vida) y tienen un carácter normativo para la conducta de las personas allí implicadas".

Mardones y Ursúa

Se parte de dirigir la mirada hacia la situación en el campo del currículum a finales de la década de los setentas, momento clave en el cual se gesta y empieza a expresarse en México —como sede geopolítica y académica— un movimiento de corte crítico en contraposición a la tendencia tecnologicista dominante en el campo de la educación superior en el país.

Aquellos elementos concretos que funcionaron como disparadores de este movimiento de corte crítico han sido señalados por autores como Díaz Barriga (1985b); sin embargo, cabe enfatizar que en América Latina en las décadas de los sesentas y de los setentas se viven momentos de desarrollo económico-social y de apertura ideológico-política, aunque también se observa la imposición de regímenes autoritarios y dictatoriales. Esto provocó una situación generalizada de descontento, así como de búsqueda de nuevos caminos en todos los órdenes e intentos constantes de lucha por superar la dominación tanto interna como la sufrida por las desigualdades e injustas relaciones que privan en el orden internacional.

Este clima de inconformidad, búsqueda y lucha es la clave del rechazo a la tecnología educativa en nuestros países, asunto que los teóricos norteamericanos tuvieron como punto central en sus preocupaciones y en sus análisis[1]. Y es también en este clima de inconformidad y de búsqueda de explicaciones y soluciones a nuestros problemas educativos que se inicia la construcción del discurso crítico en el campo del currículum en México.

> *"El énfasis que se hace en México no es ahistórico, obedece a razones históricas. Debido a las dictaduras militares a las que se ha sometido a diversos países latinoamericanos en las últimas décadas —entre éstos a Chile, Uruguay y Argentina—, se produjo en México un fenómeno intelectual particular al converger en el país (a causa del exilio) destacados pensadores en distintas áreas de las ciencias y las humanidades. En el campo educativo los aportes de éstos han sido la sede geopolítica y académica de cierta producción intelectual en el campo del currículum durante la década pasada y esta, es válido afirmar que dicha producción es de carácter latinoamericano, ya que en ella se ubica, tanto el trabajo específico de académicos mexicanos como el de académicos de otros países latinoamericanos. El énfasis puesto en México responde más a este fenómeno de producción conceptual latinoamericano, generado en México, que a una referencia sólo geográfico-nacionalista"*(De Alba, 1986).

---

1   Esta preocupación por el rechazo de los educadores latinoamericanos al proyecto de la tecnología educativa puede apreciarse en trabajos tales como: Claudio Zaki Dib "Transferencia de la tecnología de la educación en el área científica", conferencia magistral presentada en el II Congreso Nacional de Tecnología y Educación, Toluca-México, noviembre de 1980; Clifton Chadwick, "¿Por qué está fracasando la tecnología educativa?", e Hipólito González "Tecnología educativa: ¿hacia una 'optimización' del proceso de subdesarrollo?", en *Revista de Tecnología Educativa*, 2, 4, 1976.

Es también importante el flujo editorial hacia México, el cual se incrementó considerablemente en la década de los setentas. La conformación del discurso[2], a lo largo de más de una década, pasa por distintos momentos, como se señaló en la primera parte de este volumen[3].

En síntesis, cabe afirmar que a partir de la década de los setentas el currículum ha sido un campo prioritario y privilegiado en el universo educativo escolarizado del país, en las preocupaciones académico-científicas del constructor de la palabra del discurso crítico y en las preocupaciones político-institucionales del protagonista que construye cotidianamente el currículum en las instituciones educativas.

---

2   Cabe acotar que en este trabajo el análisis se centra en la producción del discurso crítico y en la relación constructor de la palabra-protagonista-escucha, y no así en las prácticas educativas; en todo caso, lo que aquí se plantea puede propiciar y permitir el análisis de éstas. Esto es, nos estamos refiriendo a prácticas sociales distintas: la producción de lo que *"podemos denominar 'saber discursivo', 'saber teórico', 'saber objetivado', 'saber acerca de la práctica', distinto del 'saber práctico', 'no objetivado', 'conciencia práctica', etcétera. Mientras que el primero es producido conscientemente por especialistas, el segundo es poseído por los agentes en forma no discursiva, y sólo se manifiesta en su puesta en práctica. En el campo que nos interesa, el primero es producido-poseído por los 'científicos de la educación', es decir investigadores, especialistas, y todo tipo de sujetos 'autorizados' para 'hablar' de educación. El segundo es poseído y puesto en práctica como 'saber hacer', por los maestros y todos aquellos agentes que producen el fenómeno educativo. Mientras que para los primeros la realidad educativa (prácticas, instituciones y agentes) es prioritariamente un objeto de conocimiento, para los segundos es un ámbito de acción e intervención"* (Tenti, 1983).

3   En las memorias de dos eventos clave se expresa una parte significativa del desarrollo de este discurso, aunque desde luego existen otros documentos básicos. Esta acotación intenta ubicar al lector en relación a la temporalidad y los linderos del discurso crítico en análisis: *Encuentro sobre diseño curricular* (memoria), ENEP-Aragón, UNAM, México, 1982; *Simposio Experiencias Curriculares en la Última Década* (memoria; DIE-CINVESTAV, Instituto Politécnico Nacional, México, 1983).

El desarrollo de esta tendencia crítica[4] ha sido profundamente vertiginoso, turbulento, precipitado y múltiple en sus expresiones y el cambio de sus rumbos. En estos años el protagonista-escucha se ha encontrado realmente en el centro de una vorágine discursiva, el constructor de la palabra se ha ido alejando del protagonista-escucha, lo ha abandonado en la medida en que ha descuidado la intención del discurso para establecer la comunicación con él. Esto es, ha descuidado el diálogo desde la perspectiva de las condiciones de posibilidad de dicho diálogo, de manera implícita le demanda seguir su camino, sus cambios bruscos o no en éste, y no así la comprensión, el análisis y la crítica de sus planteamientos; le demanda ser su "seguidor", en el sentido de adherirse a su discurso de manera dogmática y doctrinal y no crítica.

Tal demanda se encuentra implícita en las condiciones de posibilidad de la comunicación y se inscribe en el terreno de la forma y la estructura del discurso, más que en sus contenidos.

La comunicación se ha roto, la comprensión se ha dificultado, el discurso crítico, desde la perspectiva de la relación entre el constructor de la palabra y el protagonista-escucha, se ha ido transformando en el *mito del currículum*[5].

---

4   Los primeros que trabajaron sobre el desarrollo de esta tendencia intentando una periodización a través de las características básicas de cada momento fueron: Angel Díaz Barriga en su participación en el documento que se presentó como respuesta al documento base sobre currículum del Congreso Nacional de Investigación Educativa (1981, CONACYT-México, publicado en sus Ensayos sobre la problemática curricular, 1984, Trillas) y Roberto Follari en su "Respuesta al documento base de la Comisión sobre Desarrollo Circular", en Foro Universitario, 15, II, México, febrero de 1982, pp. 48-53. Posteriormente Ángel Díaz Barriga retoma este tópico en "La evolución del discurso curricular en México (1970-1982). El caso de la educación superior y universitaria", en *Revista Latinoamericana de Estudios Educativos*, XV, 2, 1985, México, pp. 67-79.

5   El planteamiento de la transformación del discurso crítico en el mito del currículum se ha expresado formalmente en el proyecto de investi-

"Nadie piensa solo. El pensamiento está posibilitado y marcado por el lenguaje que es radicalmente social, interpersonal" (Mardones y Ursúa, 1982:196).

Si bien existen distintos lenguajes sobre las mismas cosas, es importante considerar el lenguaje como el vehículo privilegiado de comunicación, o como el obstáculo central de ésta: ...el diálogo es la base de la ciencia, el diálogo interpersonal, intersubjetivo, que convierte al escucha en interlocutor. El diálogo

---

gación "Evaluación curricular: análisis de concepciones y experiencias en México". El tema se abordó también en Alicia de Alba: "Consideraciones sobre la importancia de la explicitación de referentes teóricos en el campo del desarrollo curricular (currículum y teoría)", UNAM, México, 1984 (mecanograma). el proyecto de investigación contiene los siguientes... *"Supuestos hipotéticos iniciales: Se parte fundamentalmente del desarrollo de experiencias conceptuales formuladas en los países latinoamericanos, y particularmente en el campo de la educación superior en México, en el que se han generado aportes significativos tanto en el área del análisis y elaboración conceptuales como en el de las prácticas educativas; en este sentido se observan los siguientes aspectos:*

1. *Se pueden diferenciar a grandes rasgos dos posiciones en cuanto al análisis del currículum:*
   a) *aquellas vinculadas directamente con los teóricos norteamericanos,*
   b) *aquellas que han intentado la construcción de nuevos paradigmas a partir del análisis crítico de estos teóricos y del análisis particular de nuestra realidad.*
2. *Se observa un cambio súbito de enfoques en las posiciones críticas en relación al currículum. Esto manifiesta una preocupación seria por el campo, así como para proponer opciones alternativas. Sin embargo, la gran mayoría de docentes, autoridades y alumnos carecen de los elementos formativos básicos que les permitan comprender estos cambios de posición, de tal forma que el mismo discurso crítico tiende a volverse 'mítico' para los legos en la materia pero actores de la problemática, generándose un vacío de comunicación entre los productores del discurso y los actores del problema. Se reconoce la necesidad de comunicación y diferenciación de mensajes en todos los ámbitos del conocimiento. El problema aquí pareciera ser que la discusión en un alto nivel no encuentra canales adecuados para comunicar las ideas centrales del debate a los sectores amplios de profesores y alumnos"* (De Alba, 1984:3-4).

en sus múltiples posibilidades y expresiones, los lenguajes que estas posibilidades y expresiones requieren. El lenguaje necesario para la discusión y el diálogo entre los constructores de la palabra (en el ámbito de la investigación formal-científica), construido bajo determinadas reglas del juego (dominio de un saber, rigor en el manejo del sentido de las palabras de acuerdo a su contexto conceptual-discursivo), distinto del lenguaje requerido para establecer el diálogo entre los constructores de la palabra sobre algo —en este caso sobre el discurso crítico del currículum—, y los sectores sociales que son protagonistas de aquello sobre lo cual se habla, a partir de lo cual se construye la palabra: maestros, alumnos, funcionarios, sectores sociales que presionan para determinar la orientación de un currículum, especialistas en educación y autoridades, que cotidianamente construyen en la práctica del currículum concreto de cada nivel educativo, de cada modalidad. Esto es, lenguaje mediador de la relación entre constructor del discurso y protagonista social. Protagonista social: ¿escucha, interlocutor o seguidor?

Entre constructor de la palabra y escucha el diálogo se ha roto, se ha producido el vacío, vacío que se va tornando en mito, mito que demanda "seguidores", no demanda interlocutores y dialogantes, sólo "fieles seguidores".

En la relación señalada el discurso crítico del currículum se ha transformado en el *mito del currículum*, los fieles se congregan en torno a la imagen, la consigna implícita es seguir a la encarnación de la imagen, la importancia de la comprensión del problema se desavanece, la rebeldía e incorformidad que dan origen al discurso crítico se tornan en vehemencia fiel, la lucha se centra en el ataque al espacio socioinstitucional desde el cual los distintos sujetos sociales construyen la palabra del discurso crítico y no el contenido y significado de la palabra. Se vive un momento agudo de lucha por el poder, por el poder construir legítimamente la palabra del discurso crítico. Esta situación de lucha se ha soslayado, el protagonista, el escucha se encuentra atraído por las voces contradictorias y vehementes del discurso crítico, del mito del currículum. En esta lucha se requieren más bien seguidores que interlocutores. La comunicación se ha roto, el mito se ha instaurado[6].

Estas notas intentan aportar algunos elementos para comprender esta instauración del mito del currículum —desde la perspectiva de la relación constructor de la palabra-escucha— en el devenir del discurso crítico del currículum en México desde finales de la década de los setentas y durante la presente.

La inquietud central se ubica en la percepción de una sensible separación entre discurso crítico (mito del currículum) y las prácticas curriculares concretas que se desarrollan en nuestras instituciones de educación superior, las cuales sufren un impacto de las presiones sociales, de la aguda crisis que se vive, y se desarrollan en una especie de inercia en la cual el discurso crítico funciona más como una banda de transmisión ideológico-reproductora y legitimadora que como un bagaje conceptual-crítico que permita enfrentar las presiones y los conflictos sociales desde la particularidad de las prácticas curriculares, y a partir de esto aportar algunos elementos en el sentido en el que se decida[7].

---

6   El problema, así planteado, se ha ido construyendo desde la subjetividad de quien lo expone, quien en una tarea de comunicación intersubjetiva, durante aproximadamente diez años, ha sido parte del desarrollo del campo curricular en México desde diversos espacios, incorporando la problemática desde la perspectiva del constructor de la palabra del discurso crítico y desde la perspectiva del escucha al problema no le es ajeno, es parte de él. La autora ha trabajado en el campo del currículum desde 1979. En una etapa inicial su práctica profesional se desarrolló coordinando o asesorando procesos curriculares en el ámbito de la educación superior, en la UNAM —principalmente— y en algunas otras instituciones de educación superior; a partir de 1982 se ha dedicado a la investigación, siendo su línea básica de trabajo el currículum, y específicamente el campo de la evaluación curricular.

7   Cuando se habla de aportar elementos "en el sentido en que se decida" se está aludiendo al carácter político-social de toda propuesta curricular, esto

1. El constructor de la palabra

...pero, sobre todo, el lenguje pierde su lu-
gar de privilegio y se convierte, a su vez,
en una figura de la historia coherente con
la densidad de su pasado

M. Foucault, *Las palabras y las cosas*

El que habla, el que tiene el poder de la palabra en el campo del currículum, es un sujeto social que se mueve y se desarrolla en el contexto de las contradicciones y las luchas propias de éste, esto es, de la producción conceptual sobre lo educativo: del campo de la investigación educativa en México[8].

Producción conceptual, formación académica y contexto social se constituyen en una relación indisoluble y nodal. Algunos aspectos centrales que permiten la comprensión de ésta, en el inicio del discurso crítico sobre el currículum en México, son los siguientes:

a) Se recibió como influencia dominante la del discurso tecno-logista[9].

b) Ante esta influencia dominante, desarrollada en un contex-to sociopolítico latinoamericano signado por las dictaduras militares y la represión social, se generó una situación gene-ralizada de descontento —ya mencionada— en los países lati-noamericanos. México juega un papel privilegiado en cuanto

---

es, a los vínculos que se pretenden establecer con determinados sectores sociales, grupos de poder, etc., a partir de un determinado currículum y en el contexto social amplio de un proyecto político-social.

8   A partir de la teoría de la constitución de los campos científicos, de Bourdieu, Emilio Tenti realiza un interesante análisis sobre las caracte-rísticas del campo de la investigación educativa en México. *Cfr.* trabajo citado, diciembre de 1983.

9   Esto ha sido señalado por varios autores, entre otros M. E. Aguirre Lora, Ángel Díaz Barriga y Roberto Follari.

a posibilidades de expresión de tal descontento, debido a la política de apertura social que se genera en el país como respuesta al movimiento del '68.

c) Los currícula a formar especialistas en educación (pedagogos, licenciados en ciencias de la educación, etc.), formalizados en la década de los cincuenta con una visión histórico-humanista y técnico-aplicativa (de corte normalista), se vieron influidos por la tendencia tecnologicista, conservando, sin embargo, aspectos de su estructura inicial[10] que perdían fuerza y sentido ante la nueva corriente. La influencia del pensamiento crítico, en la mayoría de los casos, se ha ido incorporando a estos currícula a través del cambio en los contenidos de las materias, más que de cambios estructurales. En este contexto egresaron de las universidades mexicanas en la década de los setentas especialistas en educación con serios problemas formativos, algunos de los cuales se incorporaron al campo curricular en espacios socio-institucionales dedicados a la producción conceptual, o que hacia esta producción devinieron. Si bien la mayoría de los egresados que trabajaron sobre el currículum se incorporaron a este campo desde la posición tecnologicista, es necesario reconocer y enfatizar que, así como algunos se consolidaron en esta posición, otros se destacaron por la búsqueda y construcción de espacios formativos alternativos conformando y/o formando parte de grupos académicos que empezaron a tomar distancia de los planteamientos tecnologicistas. La influencia de estos intelectuales mexicanos en el surgimiento del discurso crítico es determinante.

d) La formación de intelectuales dedicados a la educación, procedentes del Cono Sur, se caracterizó en ese momento, en unos casos, por la filiación acrítica al pensamiento educativo de corte tecnologicista; en otros, por la crítica a las concep-

---

10 Este aspecto ha sido trabajado entre otros, por M. E. Aguirre Lora y Rosa Ma. Sandoval (1986).

ciones tradicionales de la didáctica incorporando elementos de sociología, de psicología social y de psicoanálisis[11] (o concepciones que en él encuentran su origen y pertenencia teórica); en otros más —probablemente la mayoría— coexistían aspectos formativos con un sólido contenido social junto con una visión educativa tecnologicista, principalmente en las propuestas metodológico-técnicas. Es importante señalar que no habían iniciado en sus países una crítica al pensamiento educativo tecnologicista norteamericano —específicamente en el campo curricular—, aunque es importante reconocer sus planteamientos críticos sobre la situación de dominación político-social interna, sus repercusiones en la educación y su vínculo con la situación de desigualdad y dominación en el plano internacional (específicamente en el caso de América Latina), así como la influencia de estos planteamientos en el origen del discurso crítico sobre el currículum desarrollado en México.

e) Estos grupos académicos —formados por intelectuales latinoamericanos (mexicanos y procedentes del Cono Sur principalmente)— empezaron a consolidarse en las instituciones de educación superior del país, especialmente en aquellas ubicadas en la zona metropolitana de la ciudad de México, pugnando por la incorporación de aportes teóricos que se caracterizaron por el rechazo de los paradigmas empírico-analíticos propios de la corriente tecnologicista.

Es en este contexto, y a partir de la interacción de los aspectos señalados, que se inicia la producción del discurso crítico sobre el currículum en México. Esta producción, tanto en sus orígenes como ahora, se ha caracterizado por la incorporación de nuevas teorías en el campo de la educación. Esta incorporación no ha sido

---

11 Ángel Díaz Barriga ha afirmado que las universidades argentinas de Tucumán, Buenos Aires y Córdoba dieron pie en el periodo 1970-73 a una renovación del pensamiento didáctico.

privativa del campo curricular, se ha consolidado y difundido a través de los centros de formación de profesores y de los espacios de investigación educativa y, en menor medida, en los currícula dedicados a formar especialistas en el campo educativo (licenciatura, maestrías y doctorados). Tal incorporación conceptual se constituye como uno de los aportes más significativos en el campo de la educación. Sin embargo, en este aporte resalta como una ausencia básica la discusión sobre la teoría de la construcción del objeto en el campo educativo, esto es, del conocimiento y el análisis de la problemática acerca de la teoría pedagógica o ciencia(s) de la educación. El énfasis se hace en la incorporación de las teorías del objeto, o sea, en los aportes conceptuales que permitan la comprensión de la problemática educativa desde nuevas perspectivas, y no así en las teorías de la construcción del objeto educativo (plano epistemológico)[12]. En este trabajo se sostiene que la ausencia señalada ha afectado a los sujetos sociales constructores de la palabra del discurso crítico.

En esta situación (relación producción conceptual, formación académica y contexto social) es que se ha dado la producción del discurso crítico sobre el currículum en México.

El discurso se va construyendo, se inicia la discusión entre los autores que intentan trabajar desde una óptica crítica. Discusión y espacios sociales para construir el discurso se entremezclan, se va gestando una lucha por consolidar espacios legítimos para construir la palabra. Se perfila la conformación incipiente de grupos que luchan por el poder en este campo.

Los escenarios de esta lucha son principalmente eventos académicos en los cuales hay una indiscriminación en los niveles de discusión entre los constructores de la palabra, y entre éstos y los protagonistas-escuchas. Discusión que demanda espacios diferenciados e intenciones de comunicación distintas.

---

12 Esta problemática se ha planteado, entre otros trabajos, en de Alba, 1986b; 1986c.

El énfasis en la calidad y el sentido de la comunicación se encuentra en la discusión entre los productores del discurso; la comunicación con el protagonista-escucha se ve relegada en la intención de la comunicación[13].

Las características de la formación académica de los productores del discurso, en especial la *ausencia* señalada en cuanto al análisis de la polémica sobre la teoría pedagógica o ciencia(s) de la educación, propició la conformación del discurso curricular crítico a través de discursos específicos que contienen en sí mismos premisas teórico-epistemológicas pertenecientes a tendencias opuestas y contradictorias.

Esto es, se percibe en los múltiples discursos que conforman el discurso curricular crítico aspectos conceptuales que se oponen a posturas positivistas o neo-positivistas y que podríamos considerar, a grandes rasgos, pertenecientes a una corriente crítico-dialéctica[14], al tiempo que persisten y coexisten formulaciones conceptuales de corte empírico-analítico. Parafraseando a Foucault, con el tiempo el discurso curricular crítico tiende a perder su lugar privilegiado, en cuanto a su propia consistencia discursiva, y se convierte en una figura de la historia, coherente con la densidad de su pasado, de ese pasado narrado en el cual concluyen en una interacción conflictiva y contradictoria los aspectos que desde nuestra perspectiva analítica hemos pretendido perfilar.

Los intentos iniciales del discurso curricular crítico se tornan comprensibles a la luz de la densidad de sus condiciones particulares de posibilidad, esto es, hoy en día, a la luz de la comprensión de la densidad de su pasado.

---

13   Esta indiscriminación en los espacios de discusión y diálogo se acentúa por la carencia de medios diferenciados de comunicación que sean propios de este campo (revistas científicas y de divulgación).

14   Si bien es posible concebir una corriente crítico-dialéctica, es fundamental diferenciar en ella a la teoría crítica de los aportes hermenéutico-fenomenológicos y lingüísticas.

2. El protagonista-escucha

> *"El lenguaje es el medio en el que se rea-*
> *liza el acuerdo de los interlocutores y el*
> *consenso de la cosa".*
>
> H. G. Gadamer, *Verdad y método*

El escucha del discurso curricular crítico también es un sujeto social que se desarrolla en el ámbito de las presiones y contradicciones propias de las prácticas educativas del país. Es el estudiante de licenciatura, el profesor universitario que por iniciativa propia o por encargo institucional acude a los centros de formación docente, en donde descubre el discurso del currículum; o aquel que es nombrado coordinador de carrera y enfrenta la tarea de asumir un papel en un proceso de evaluación curricular; es el médico, odontólogo o ingeniero que incursiona –por diversas razones[15]– en el campo educativo, tiende a permanecer en él, y en su camino se encuentra en algún momento en el campo del currículum; es el egresado de pedagogía o de ciencias de la educación que es contratado en una institución educativa para "asesorar" o "coordinar" el diseño o la evaluación de un currículum.

El escucha es el protagonista, es el que construye cotidianamente los currícula concretos en nuestras universidades, en nuestras instituciones de educación superior. Su procedencia es diversa, su formación básica también lo es. Experimenta por diversas razones la necesidad de conocer el campo del currículum, de comprenderlo, de acceder a él. Sigue asiduamente el desarrollo del discurso crítico del currículum e infatigable espera alcanzar

---

15 La problemática de algunas de las determinaciones de la incorporación de profesionales de campos diversos al educativo (específicamente la docencia) es trabajada por María Esther Aguirre Lora en "Considera-ciones sobre la formación docente" (1981).

su comprensión para incorporarlo en su propia subjetividad, y así operar en la práctica de manera más consistente y comprometida. En los últimos diez años se ha visto envuelto en la vorágine discursiva referida y ha intentado seguir "fielmente" las pautas y los rumbos que en ella logra percibir, al grado de querer forzar la respuesta a la presión institucional, a la presión social, hacia el rumbo que en un momento determinado le señala el curso del discurso. En este seguir los cursos del discurso y las imágenes de éste, él se ha perdido, se ha diluido. Ahora "cree" en el discurso, ha incorporado en su propia subjetividad el mito del currículum y se ha convertido en uno de sus fieles seguidores[16].

En la medida en que el lenguaje procedente del constructor de la palabra del discurso crítico se ha hecho inaccesible al escucha, éste ha incorporado la noción de complejidad del discurso como posibilidad de acceder a él.

Se afilia a tal o cual autor y le sigue, se abandona a sí mismo, y sólo se reconcilia en un intenso y profundo acto de fe.

Si bien el problema del escucha exige un tratamiento más profundo y analítico, cabe señalar la imposibilidad de la comunicación por la dificultad de la incorporación y comprensión de los lenguajes a través de los cuales se ha ido construyendo el discurso crítico.

En el centro del conflicto se reconoce un problema formativo grave: no importa la procedencia, no importa la formación básica, son todos bienvenidos a la tierra prometida del currículum, aunque a su arribo encuentren un campo desolado, como lo refiere Jackson en su metáfora[17], o bien, prefieran (aun de manera

---

16 Cabe señalar que no se está haciendo aquí una afirmación genérica que pueda aplicarse a todos los profesores, autoridades, alumnos, etc., de nuestras universidades. El análisis se refiere al protagonista-escucha del discurso crítico.

17 *"Han recorrido un largo camino. Sus caballos han dejado huellas de lodo, sus crines están llenas de polvo. El final está cerca. Al desmontar la pareja recorrió a pie las últimas yardas. A la orilla del despeñadero,*

inconciente) convertirse en fieles seguidores del patriarca más convincente, o quizas del más carismático.

Al fin, habrá dicho algún escucha médico, ingeniero, geólogo, el campo de la educación es tan, tan sencillo...

El reto del protagonista-escucha es recuperarse a sí mismo, asumiendo la complejidad que se advierte en el campo de la construcción conceptual, enfrentando el mito del currículum, incorporando el discurso crítico, a su vez, de manera crítica. Esto implica enfrentar el conflicto de su propia formación.

3. La ruptura en la comunicación ante el vacío: la instauración del mito

> *"...el estar muy enterado de algo no po-sibilita por sí mismo el diálogo real con alguien. Más bien sucede al contrario: el diálogo posibilita que alguien se entere realmente de algo".*

> Francisco Altarejos

Se ha planteado la generación de un discurso crítico que se comprende a partir de asumir la densidad de su pasado, al tiempo que se ubica un protagonista-escucha presionado por encargos institucionales que le determinan experimentar la necesidad de acceder al campo curricular.

Constructor de la palabra y protagonista-escucha se encuentran, se acercan y se alejan hasta que la comunicación se dificulta a tal grado que sobreviene la ruptura y el vacío. Para llegar a este punto han transcurrido ya más de diez años, el discurso curricular crítico producido en México empieza a tener cierta fisonomía,

---

hicieron una pausa y miraron hacia abajo. El más joven de los dos, tirando del brazo de su pareja, rompió el silencio".

productores del discurso crítico se han centrado más en la lucha por la construcción y consolidación de espacios socio-institucionales que en la discusión profunda del contenido. Esto puede apreciarse en la estructura del discurso, en sus énfasis y en sus ausencias. Es de esperar que esta situación tienda a superarse en la medida en que este campo logre una mayor consolidación y reconocimiento.

- Los problemas formativos del escucha propician que la incorporación de este currículum oculto (transmitido a través de la forma y de la estructura, y no del contenido) del discurso curricular crítico se constituya, en su propia subjetividad, como el "mito del currículum".

- La carencia de medios permanentes y propios de la difusión del discurso (en sus dos niveles: investigadores y protagonistas de las prácticas curriculares) ha propiciado la circulación informal de documentos, por los cual el acceso a ellos se restringe sólo a determinados grupos; ésta es una característica más de la *forma* de transmisión del discurso, que coadyuva al ocultamiento de cierta información de determinados contenidos del discurso crítico, lo cual contribuye a la construcción del mito en la medida en que esconde la esperanza de encontrar en aquellos documentos inaccesibles el avance más significativo, el contenido más preciado.

- En la lucha entre los distintos productores del discurso crítico, centrada más en la construcción y consolidación de los espacios socio-institucionales que en la discusión y refutación de las ideas, se ha tendido a privilegiar una óptica conceptual-analítica desvalorizando las otras, independientemente de la problemática curricular particular, que reclama una tarea analítico-comprensiva; este punto se articula con la ausencia del manejo de la polémica sobre la teoría pedagógica o ciencia(s) de la educación[20].

---

20   *"...en cuanto a las formas de realización de estudios e investigación, hoy*

- La idea dominante en la década de los setentas acerca de la simplicidad y facilidad de los contenidos educativos[21], de acuerdo a la cual los profesionales de cualquier campo podían incursionar con facilidad y de manera exitosa en el de la educación, convirtiéndose en un período relativamente corto en especialistas, ha propiciado la incorporación del discurso crítico de manera mecánica en grupos de trabajo institucionales dedicados a cuestiones curriculares carentes de especialistas en educación, o bien, contando con éstos, pero con una formación de corte tecnologicista.

- Sobre la problemática del currículum todavía algunos sectores, genuina e ingenuamente, piensan que se trata de un asunto de sentido común y organización sistemática de acciones. Ante esta posición el acceso al campo es relativamente sencillo y prácticamente se garantiza el éxito con la aplicación de un modelo amplio, flexible, que permita la retroalimentación y que tienda a instaurar una actividad permanente en las instituciones educativas. Esta posición simplifica y refuncionaliza el discurso crítico, mas no lo rebate a través de una crítica académica fundamentada. Retoma algunos de sus autores y los incorpora de manera mecanicista en la propia lógica de su discurso. De esta manera, esta posición antagónica ha contribuido también a la conformación del mito del currículum.

---

en día en el campo de la educación la mayoría de los autores reconoce que éstos se llevan a cabo desde diversas perspectivas teórico-disciplinares. Es válido firmar que se pueden hacer (y de hecho se hacen) estudios científicos sobre la educación, los cuales tienden a realizarse en alguna de las dos perspectivas siguientes, o combinando ambas: a través de una óptica de extrema especialización (como pueden ser los estudios de economía de la educación, psicosociología, historia de la educación, etc.). A través de estudios multirreferenciados (como los denomina Vigarello) o de ópticas interdiscipinarias o multidisciplinarias (pluridisciplinarias les llama Escolano)" (De Alba, 1986c:18).

21 Propiciado, entre otras razones, por las respuestas ofrecidas a la problemática educativa desde una visión tecnologicista.

4. La desmitificación del discurso crítico: una tarea importante

"El idioma puede ser difícil, pero es necesario, porque capacita a los usuarios para desarrollar nuevas clases de relaciones en el campo del currículum y a plantear diferentes tipos de preguntas... el punto real de interés debiera ser si el lenguaje y los conceptos utilizados están generando preguntas y temas profundamente importantes acerca del campo del currículum mismo.

Henry Giroux

En un momento de crisis, cuando las presiones de los diversos sectores sociales sobre el sistema educativo tienden a agudizarse y las transformaciones de éste se van concretando inexorablemente, la desmitificación del discurso curricular crítico se presenta como una tarea importante. En esta línea se exponen algunas consideraciones en cuanto al desarrollo posible de procesos que apunten a la superación del mito del currículum.

En cuanto a procesos amplios:

- La transformación estructural profunda de los currícula para formar especialistas en educación. En dicha transformación es importante la incorporación, entre otros aspectos, de:
  › La polémica en torno a la teoría pedagógica o ciencia(s) de la educación.
  › La incorporación de contenidos sobre el currículum, en la medida en que se perfila como un campo relevante dentro del terreno educativo.
- La consolidación de espacios y medios diferenciados de discusión y diálogo:
  › En el área científico-académica.

› En la difusión de los aportes conceptuales en los distintos sectores educativos.

• La conformación, consolidación y enriquecimiento de una cultura educativa en general, y sobre el currículum en particular, para lo cual es importante:

› Asumir la influencia teórica de los países del llamado Primer Mundo, o desarrollados, en los países subdesarrollados y encontrar las vías de acceso pertinentes a la discusión y construcción conceptual sobre el currículum que en estos países se desarrolla.

› El reconocimiento valorado de la producción conceptual latinoamericana en el campo de la educación en general y del currículum en particular.

› La difusión del pensamiento educativo latinoamericano en el mundo científico-académico a nivel internacional.

En cuanto a procesos específicos:

• La reanudación del diálogo entre el constructor de la palabra y el escucha, en el campo del currículum, a través de:

› La elevación significativa y sensible del nivel académico del escucha, enfrentando la problemática de su formación[22].

› La formulación del discurso crítico por parte del constructor de la palabra en un lenguaje que posibilite la comunicación con el protagonista-escucha y le permita constituirse como interlocutor dialogante. En esto juega un papel importante —en atención al protagonista-escucha— la explicitación del lugar teórico-conceptual desde el cual se construye la palabra.

---

22 La formación de seminarios en los grupos de trabajo se perfila como una posibilidad interesante en la tarea de la formación académica de quienes se encuentran en el campo del currículum.

- La generación de aportes conceptuales que tiendan a apoyar y propiciar la transformación de las prácticas curriculares en el sentido en el que se decida.
- El fortalecimiento de investigaciones que permitan la comprensión de las particularidades del desarrollo curricular de las distintas profesiones, niveles educativos y modalidades.
- El reconocimiento valorado, por parte del constructor de la palabra, de las posibilidades y los límites del lugar teórico conceptual desde el cual él construye su palabra, y de aquellos desde donde los otros la construyen.
- El conocimiento y reconocimiento de que hoy en día en el campo curricular se trabaja desde múltiples ópticas conceptuales, en donde el conflicto central se ubica entre aquellos de filiación empírico-positivista (en donde se ubica la corriente tecnologicista) y aquellos de corte crítico-dialéctico (en donde se ubica el discurso curricular crítico)[23].
- Clarificar que si bien la postura crítico-dialéctica se caracteriza por el rechazo a los presupuestos empírico-analíticos en el campo de las ciencias sociales y humanas, al interior de ella es importante diferenciar los aportes de la teoría crítica (Escuela de Frankfort) y de otros aportes hermenéutico-fenomenológicos y lingüísticos. Reconocer la complementariedad de estas ópticas en muchos casos, al tiempo de advertir los riesgos de centrarse sólo en una de ellas, específicamente en aquellas de corte fenomenológico que tienden a soslayar la problemática estructural político-económica y sociocultural[24].

---

23 Si bien cabe subrayar que, pese a esta intención explícita de pertenencia teórica, por las razones expuestas el discurso crítico se ha caracterizado por la persistencia de elementos conceptuales empírico-positivistas en el contexto general y amplio de una postura crítico-dialéctica.

24 *"La trama de significados y valores por medio de los cuales las personas conducen todas sus vidas puede ser vista por un tiempo como algo autónomo, que evoluciona en sus propios términos, pero resulta muy irreal, a fin de cuentas, separar esta trama de un sistema político y económico preciso que puede extender su influencia en las más ines-*

- Análisis de la problemática social desde una perspectiva cultural amplia. En un país como México, en el cual confluyen, conviven y se afectan entre sí múltiples conformaciones culturales, incorporar este tipo de análisis se perfila como una tarea central.

La desmitificación del currículum apuntaría hacia la socialización de los avances en el campo curricular a través de la palabra que es construida para lograr la comunicación y no para obstaculizarla, hacia el avance en una fase crítico-constructiva del discurso sustentada en una consistente y profunda comprensión que posibilite enfrentar la problemática del campo en su complejidad, concibiendo al currículum como la expresión concreta y organizada de una propuesta político-educativa conformada a través de la síntesis de concepciones, intereses, valores, programas y acciones propugnados por los diversos sectores sociales interesados en determinar un tipo de educación específica de acuerdo al proyecto político-social que se sostiene: espacio de poder que implica lucha y negociación entre los sectores y que, en la concreción de la propuesta educativa, se refiere al sentido, significado, propósito, contenidos y tipo de vinculación de ésta con los ámbitos sociocultural y político-económico, así como

---

peradas regiones del sentimiento y la conducta. La receta común de la educación como llave para el cambio, ignora el hecho de que la forma y contenido de la educación son afectados, y en ocasiones determinados, por los sistemas presentes de decisión (política) y mantenimiento (económico)" (Raymond Williams citado por Michael Apple en "Ideología y reproducción económica y cultural", *Ideology and Curriculum*, Londres, 1979; traducción revisada por Marta Teobaldo, Universidad Pedagógica Nacional –UPN–, México, p. 4.).

Si bien ahora contamos con la traducción de la Editorial Akal del volumen, conservo la referencia original para destacar el trabajo que distintos académicos, como Marta Teobaldo en esta ocasión, han venido desarrollando para socializar en nuestro medio el conocimiento más avanzado y actual en materia de currículum. En la versión de Akal de 1986 la cita se encuentra en la página 43.

a su expresión y desarrollo específicos en los diversos planos: estructural-formal (políticas educativas sobre el currículum, disposiciones oficiales, planes y programas de estudio, libros de texto) y procesal-práctico (operativización del currículum a partir de las jerarquías de la institución escolar, del desarrollo de la propuesta curricular en el salón de clases, de la conformación de significados en la práctica cotidiana, así como en relación a la transmisión, tanto de una ideología dominante como de una resistencia, a través del trabajo curricular extra áulico, como lo son las tareas escolares, las visitas a museos, las salidas didácticas, etc.). A este concepto de currículum volveremos en la tercera parte de este trabajo.

En síntesis, el despliegue de la potencialidad del discurso crítico generado en México reside, en gran medida, en el restablecimiento de la comunicación, de la dialogicidad, entre constructores de la palabra, y entre éstos y los protagonistas-escuchas. Restablecimiento que implica un proceso de construcción en el cual cada quien habrá de asumir las tareas que le corresponden para conformar marcos interpretativos de nuestra realidad educativa que nos permitirán comprenderla y transformarla.

III. Las perspectivas

1. En torno a la noción del currículum

Como lo hemos venido señalando, el debate actual en el campo del currículum toca temáticas y problemáticas tales como: el currículum como práctica social; la diferenciación entre el currículum formal, el vivido y el oculto; la función social del currículum en cuanto a transmisión y reproducción cultural, social, política e ideológica, o bien, desde una perspectiva no sólo de reproducción sino de resistencia y lucha social, así como de producción cultural; la importancia de llevar la investigación hacia una óptica de análisis centrado en la vida cotidiana, etc.

El campo del currículum se ha complejizado y, en última instancia, lo fundamental es advertir si esta complejización está funcionando como un obstáculo para comprender mejor los problemas que se encuentran en él, y que son motivo del mismo, o bien si se están permitiendo tanto el planteamiento de nuevos problemas como una mejor comprensión de aquellos que han sido centrales en el debate curricular. Sea una cuestión o la otra, nos encontramos con el problema de un nuevo lenguaje o de nuevos lenguajes que se incorporan al campo curricular, que lo recomponen, que lo reconstituyen. Nuevos lenguajes que responden a la incorporación de nuevos paradigmas teóricos y epistemológicos.

La vieja discusión sobre la similitud o diferencia entre plan de estudios y currículum ha quedado rebasada y hoy el debate se centra más, en todo caso, en la pertinencia y factibilidad del campo mismo o en su virtual muerte e inexistencia. Muchos trabajos que se realizan en materia de investigación educativa bien pueden considerarse dentro del campo del currículum, o no, dependiendo de cómo se conciba al currículum mismo. De tal forma, que el debate en el campo obliga a una reconceptualización de la noción misma de currículum.

Este apartado es un intento en esta dirección. En él se apuntan algunas líneas de reflexión (de corte epistemológico y construcción conceptual)[1] que permiten pensar al currículum a partir de la complejidad que hoy presenta. Se dirige más a la apertura de aspectos de observación, problematización y conceptualización, en cuanto a la noción de currículum, que al desarrollo de categorías y conceptos relativamente acabados[2]. Esto es, se ubica fundamentalmente en una perspectiva de apertura hacia la problemática de la realidad curricular que permita aprehender y delimitar ciertos aspectos de ésta, para llegar a la construcción de una noción de currículum que coadyuve a la superación de determinadas teorías y articulaciones conceptuales que han conformado y constituido esa noción. Si bien es cierto que se

---

1   Se está trabajando la idea de epistemología desde una perspectiva de la totalidad, específicamente como ha sido desarrollada por Zemelman. Este autor lleva a cabo una diferenciación fundamental entre la perspectiva epistemológica de la totalidad y la construcción teórica (Zemelman; 1987).

2   Desde la posición de Zemelman (el cual retoma y articula aportes de Marx, Kosik y Bloch, entre otros) la perspectiva epistemológica de la totalidad radica en una posición de apertura hacia la realidad que permite la delimitación-aprehensión de campos de observación y problematización a partir de los cuales se puede iniciar una construcción teórica.

pretende avanzar, como ya se señaló, en una tarea de construcción conceptual a partir de esta aprehensión-delimitación de aspectos centrales y significativos de la realidad curricular, inicialmente se presenta un esbozo de la noción de currículum sobre la que se pretende trabajar y, en seguida, se desarrollan los aspectos que en ella se delinean.

- **Noción de currículum.** Por currículum se entiende a la síntesis de elementos culturales (conocimientos, valores, costumbres, creencias, hábitos) que conforman una propuesta político-educativa pensada[3] e impulsada por diversos grupos y sectores sociales cuyos intereses son diversos y contradictorios, aunque algunos tiendan a ser dominantes o hegemónicos, y otros tiendan a oponerse y resistirse a tal dominación o hegemonía[4]. Síntesis a la cual se arriba a través de diversos mecanismos de negociación e imposición social. Propuesta conformada por aspectos estructurales-formales y procesales-prácticos, así como por dimensiones generales y particulares que interactúan en el devenir de los currícula en las instituciones sociales educativas. Devenir curricular cuyo carácter es profundamente histórico y no mecánico y lineal. Estructura y devenir que conforman y expresan a través de distintos niveles de significación.

---

3   Aquí se está trabajando la noción de pensar desde una perspectiva kantiana, esto es como la facultad que tiene el hombre para generar ideas que le otorgan significado y sentido a la vida social (comunidad espiritual) y que en esta vida social se generan.

4   Se está trabajando la noción de hegemonía desde una perspectiva gramsciana, en la cual ésta se piensa a partir de la reconceptualización de la noción de Estado: *"[el] concepto de Estado, normalmente entendido como Sociedad política (o dictadura, o aparato coercitivo para conformar la masa popular según el tipo de producción y la economía de un momento dado) y no como un equilibrio entre la Sociedad política y la Sociedad civil (o hegemonía de un grupo social sobre toda la sociedad nacional ejercida a través de las organizaciones denominadas privadas, como la Iglesia, los sindicatos, las escuelas, etc.)"* (Gramsci, 1981: 46).

- **Acerca de la síntesis de elementos culturales que conforman la propuesta curricular**. Empezar a considerar este aspecto da la impresión, en un primer momento de encontrarse ante una enorme mesa en la cual se observan totalmente desordenadas las piezas de un magno rompecabezas.

En efecto, el currículum es la síntesis de elementos culturales, esto es, de conocimientos, valores, creencias, costumbres y hábitos, que conforman una determinada propuesta político-educativa. Estos elementos culturales se incorporan en él no sólo a través de sus aspectos formales-estructurales, sino también por medio de las relaciones sociales cotidianas en las cuales el currículum formal se despliega, deviene práctica concreta.

Si bien, en un primer momento, esta síntesis de elementos culturales se nos presenta de manera caótica, esto se debe a su pertenencia a las distintas conformaciones culturales que actúan en una determinada sociedad, en un grupo, en una nación y entre las naciones. Su comprensión nos permite la posibilidad del análisis de esta diversidad y sus relaciones de hegemonía y resistencia en la conformación estructural y el devenir de un currículum determinado.

Este carácter de síntesis, en muchas ocasiones contradictoria, nos permite comprender por qué es difícil concebir al currículum como un sistema congruente y articulado[5], al tiempo que nos permite visualizarlo como una totalidad en cuya articulación se presentan las contradicciones, el juego de negociaciones e imposiciones. La síntesis implica el carácter de lucha (expresada de muy distintas maneras) que se desarrolla, tanto en la

---

5   Este cambio en la noción del currículum ha tenido implicaciones no sólo conceptuales sino metodológicas y técnicas, de tal forma que han quedado superadas, entre otras, las nociones de congruencia externa con las que se operó, por ejemplo, en la evaluación del plan de estudios de biología de la ENEP-Zaragoza (1980-1).

conformación inicial de un currículum como en su desarrollo y evaluación.

De tal forma que, si bien en un currículum se incorporan los elementos culturales que se han considerado valiosos, esta consideración es la que sostienen los grupos dominantes de una sociedad; sin embargo, en un currículum se expresan, aunque ocupando diferentes espacios en los planos estructural-formal y procesal-práctico, los elementos culturales pertenecientes a otros grupos socioculturales que logran incorporarse en dichas síntesis. En términos de Bourdieu (1970) el currículum es un arbitrario cultural; sin embargo, tal arbitrario está conformado por elementos de diversas conformaciones culturales y su carácter es el de una estructura dinámica o relativamente estable (Lefevbre, 1968; Sánchez Vázquez, 1968).

- **Acerca del currículum como propuesta político-educativa**. Se considera que el currículum es una propuesta político-educativa en la medida en que se encuentra estrechamente articulado al, o a los, proyecto(s) político-social(es) amplio(s) sostenido(s) por los diversos grupos que impulsan y determinan un currículum. El carácter político del currículum no se centra en una cuestión partidista.

En cada momento histórico, en el devenir de las distintas culturas y los pueblos, los distintos tipos de educación han intentado responder a las exigencias del proyecto político-social amplio sostenido en cada caso. Si bien es cierto que tal proyecto está sujeto a transformaciones y reformulaciones. Por ejemplo, al finalizar el siglo XIX y en los albores del XX se sostenían dos proyectos político-sociales amplios, opuestos y contradictorios aunque su base económica se perfilaba como común (la industrialización): el proyecto internacional del socialismo y el proyecto del progreso industrial de corte capitalista. El siglo XX ha sido la arena en la cual estos proyectos político-sociales han devenido en estructuras y prácticas sociales concretas, y en estrecha vinculación con ellos se han desarrollado los sistemas educativos y los currícula que han formado a las distintas generaciones de este siglo.

Una de las características de este fin de siglo y milenio es la ausencia de proyectos políticos-sociales que sean capaces de responder a los conflictos que vive el hombre hoy en día[6]. Esta situación afecta al campo del currículum y, en cierto sentido, dificulta el trabajo práctico, en la medida en que el proyecto político-social es un paradigma central para el diseño y desarrollo de cualquier currículum.

Esta ausencia de proyectos político-sociales amplios se advierte, incluso, en el cambio de énfasis en cuanto a lo político en la mayoría de las tendencias contemporáneas en el campo de la filosofía, en general, y de las ciencias humanas y sociales, en particular[7].

- **Acerca de los intereses de los grupos y sectores sociales que piensan e impulsan una propuesta curricular.** Se ha afirmado que la síntesis de elementos culturales que conforma y determina un currículum se constituye a través

---

6   Algunas ideas sobre esta temática se desarrollan en el último apartado de esta tercera parte del volumen.

7   Nos referimos aquí a las vertientes de indagación y elaboración conceptual que han dejado de lado el manejo directo y explícito de lo histórico-social y político en el campo de la educación, y específicamente del currículum, tal como lo señala McLaren refiriéndose a posiciones contemporáneas englobadas en el postmodernismo: *"No estoy sugiriendo que la filosofía de la postmodernidad y los nuevos desarrollos en la teoría social no contengan sus momentos de transformación o que no estén sirviendo de manera laudable a fines políticos. Más bien, me estoy refiriendo tanto a la ausencia de una explicitación, bien definida y resuelta de una postura política en estos trabajos, como al desarrollo ahistórico general de estas nuevas aproximaciones"* (McLaren, 1986: 390). Existe una traducción libre de Bertha Orozco publicada en una versión preliminar; se reporta en la bibliografía.

de un proceso de lucha entre los distintos grupos y sectores sociales que piensan e impulsan una propuesta curricular. De ahí que se piense que si bien esta síntesis es un arbitrario cultural, se sostiene que dicho arbitrario cultural contiene de diversas maneras no sólo elementos del grupo dominante o hegemónico, sino también de los otros grupos o sectores sociales[8]. Una caso claro para nosotros en cuanto a intereses de grupos y sectores en relación a un currículum es la polémica que se observa en torno al currículum de primaria en México, cuyo eje estructurante es el libro de texto gratuito, el cual se ve sujeto a constantes críticas que han ocasionado su revisión y modificación. En el centro de esta polémica se encuentra un problema de intereses encontrados en relación al carácter y orientación de la educación primaria.

- **Acerca de los intereses que tienden a ser dominantes o hegemónicos y los que tienden a oponerse o resistirse a tal dominación.** Este aspecto toca uno de los puntos más controvertidos hoy en día en el campo del currículum y de la sociología de la educación; se refiere al carácter del currículum en su relación con la función social de la educación.

Al respecto se había venido afirmando que el currículum de la escuela actual funcionaba como reproductor del orden social imperante[9]. Desde esta perspectiva, se privilegió en el

---

8   En esta línea retomamos el concepto de arbitrario cultural de Bourdieu (1970), pero consideramos que su conformación es compleja y contradictoria y que en ella participan diversos grupos, sectores y clases sociales.

9   En esta línea se encuentran las llamadas teorías de la reproducción o correspondencia. Entre sus exponentes más destacados se encuentran Bourdieu y Passeron (*La Reproducción*, 1970), Baudelot y Establet (*La escuela capitalista de Francia*, 1971), Althusser (*Los aparatos ideológicos de Estado*, 1974), Bowles y Gintis (*La instrucción escolar en la América capitalista*, 1976). Un excelente análisis de estas posiciones reproduccionistas es el llevado a cabo por Henry Giroux en su trabajo

Múltiples estudios en el campo de la educación, y del currículum en particular, se han centrado en el análisis del ejercicio y el desarrollo del poder; destacan los trabajos de Apple y de Giroux.

- **Acerca de los aspectos estructurales-formales y procesales-prácticos de un currículum**. Uno de los problemas más importantes en cuanto a la compensación del campo del currículum ha sido concebirlo sólo a partir de sus aspectos estructurales-formales, esto es, de las disposiciones oficiales, de los planes y programas de estudio, de la organización jerárquica de la escuela, de las legislaciones que norman la vida escolar.

No obstante, como ya se ha señalado, el currículum no se constituye exclusivamente, ni de manera prioritaria, por sus aspectos estructurales-formales; el desarrollo procesal-práctico de un currículum es fundamental para comprender, tanto su constitución determinante como su devenir en las instituciones escolares concretas. En múltiples ocasiones la presencia de elementos de resistencia de un currículum se observa en estos aspectos. Las particularidades de cada barrio, región, estado, se expresan con mayor fluidez y facilidad en los aspectos procesales-prácticos que en los estructurales-formales. Es más, en múltiples ocasiones se observan contradicciones importantes entre unos y otros aspectos. Por ejemplo, en las comunidades rurales de México se festejan diversas fiestas que son significativas en una región del país y no en otra y que, desde luego, no están incorporadas en el calendario escolar. De tal forma que se da un alto índice de ausentismo en la escuela cuando se celebran éstas, pese a que en muchas ocasiones los maestros imponen severas sanciones. De esta manera, los alumnos, y la comunidad en general, están incorporando e imponiendo ciertos contenidos culturales que consideran válidos, afectando la vida cotidiana de la escuela.

Los aspectos procesales-prácticos se refieren, pues, al desarrollo del currículum, a su devenir.

• **Acerca de las dimensiones generales y particulares.**

"Dimensión significa —en términos generales— la demarcación de los aspectos esenciales y de los límites de un proceso, hecho o fenómeno" (De Alba-Viesca, 1988:10).

En el campo del currículum se consideran dos tipos de dimensiones que lo conforman y lo determinan: las generales y las particulares o específicas. Ambas dan cuenta de los aspectos esenciales del currículum, al tiempo que señalan sus límites.

Las dimensiones generales se refieren a aquellas que conforman y determinan cualquier currículum, que le son inherentes. Las particulares o específicas se refieren a aquellos aspectos que le son propios a un currículum, y no así a otros.

Las dimensiones se encuentran estrechamente interrelacionadas y, en gran medida, la comprensión del currículum radica en la comprensión de tal interrelación.

• **Dimensiones generales**. Se refieren a relaciones, interrelaciones y mediaciones, que de acuerdo al carácter social y político-educativo del currículum, conforman una parte constitutiva importante del mismo; éstas pueden explicitarse o no, dejarse de lado o tomarse en cuenta; sin embargo, en todos los casos se encuentran presentes.

Una forma analítico-conceptual de concebirlas es la siguiente:

> dimensión social amplia (cultural, política, social, económica, ideológica);
> dimensión institucional;
> dimensión didáctico-áulica.

- **Dimensión social amplia**. Alude al conjunto de multideterminaciones que conforman la totalidad social, en donde los procesos educativos son parte de la misma.

Los esfuerzos por comprender esta totalidad social han generado diversas ópticas teóricas, conceptuales, las cuales conceden énfasis a determinados aspectos de esta totalidad social, al tiempo que reconocen otros que, a su vez, son el centro desde otra perspectiva. De tal forma que en lo cultural está presente lo social, político, económico e ideológico; del mismo modo que en lo político, se advierte lo cultural, lo económico, etc. La categoría de totalidad implica el esfuerzo constante por pensar la realidad social a partir de su complejidad y sus multideterminaciones, y no así la obligatoriedad de analizarla desde una única y exclusiva perspectiva teórica.

De ahí que esta perspectiva social amplia sea comprendida y trabajada a través de diversos aspectos de la realidad, que conforman distintas perspectivas teóricas en el contexto de un plano epistemológico general en el cual esta categoría de totalidad es fundamental.

- **Cultural**. Se entiende a la

> *"cultura como un plano general ordenador de la vida social que le da unidad, contexto y sentido a los quehaceres humanos y que hace posible la producción, la reproducción y la transformación de las sociedades concretas"* (Bonfil Batalla, 1986:7).

Desde tal perspectiva todos los grupos humanos son productores y reproductores de cultura. El niño nace en un contexto cultural determinado y la visión inicial del mundo que va construyendo en su propia subjetividad corresponde a tal contexto cultural.

Las investigaciones educativas que han partido de una óptica cultural han realizado numerosos aportes en cuanto a la comprensión de lo cultural en los procesos educativos y en los procesos sociales en general. Específicamente, se han superado posiciones de corte racista y clasista al comprobar que los *tests* construidos a partir de determinados códigos culturales occidentales dominantes ofrecen dificultades serias para aquellos grupos de la población que manejan de manera preferente otros. Las investigaciones se han realizado aplicando pruebas en ambos sentidos, esto es, a grupos de población occidental *tests* elaborados con otros códigos culturales se observa que las deficiencias se encuentran en estos grupos en relación a aquellos que pertenecen a la cultura a partir de la cual se construye el *test*, y viceversa. En esta línea es importante retomar la noción de contacto cultural (De Alba-Gutiérrez, 1984), en donde se concibe a éste como un proceso histórico y social caracterizado por ser conflictivo, desigual y productivo. Esto nos permite pensar en la síntesis cultural que conforma un currículum (concibiéndola tanto en el momento de constitución estructural-formal como en el desarrollo del mismo, como un contacto cultural) en el que está presente el conflicto, la interrelación desigual y, sin embargo, en el que se producen contenidos culturales, siendo la síntesis misma una producción cultural. Producción cultural en la que se han erguido algunos elementos como dominantes y otros guardan un lugar de subordinación y resistencia. En otras palabras, un currículum concebido como arbitrario cultural indica que, si bien contiene rasgos culturales hegemónicos, porta asimismo rasgos culturales opuestos, distintos, que son germen y expresión de resistencia.

- **Política**. Todo proyecto educativo es un proyecto político en la medida en que implica una práctica humana, una praxis, es decir, acciones con sentido dirigidas hacia determinados fines sociales.

De tal manera que ningún currículum puede ser neutro y aséptico como lo han pretendido las posiciones de corte empírico-analítico. La educación es una parte sensible y neurálgica del tejido social, por tanto los diversos sujetos y sectores sociales se encuentran interesados en ésta y luchan porque la educación, específicamente en aquellos proyectos de su interés, sea congruente con su proyecto político.

La dimensión política es fundamental también en cuanto a la viabilidad de un currículum.

- **Social**. Nos encontramos en una sociedad compleja y contradictoria que se desarrolla, tanto en relación con un proyecto social amplio hegemónico que contiende con otros proyectos sociales, como en el sentido de la presencia y la actuación de los diversos grupos y sectores que la componen, expresándose en ella diversas posiciones y concepciones que se desarrollan en el marco de presiones internas y externas de acuerdo con las múltiples condiciones sociales, y que se traducen en cambios en el interior de los diversos sectores y grupos de la sociedad global. En cuanto a la dimensión social se sostiene en este trabajo la siguiente tesis: la educación no es en sí misma reproductora, conservadora o transformadora; el carácter que adquiere la función social de la educación está estrechamente vinculado con el o los proyectos socioculturales y político-económicos desarrollados en el seno de la sociedad, tanto en sus momentos de constitución como en los de su consolidación, desarrollo y transformación.

- **Económica**. Al aludir a la dimensión económica en el campo del currículum es necesario referirla al problema de la determinación económica. El determinismo económico ha ocasionado cierto reduccionismo en algunos análisis sobre la educación en general y la escuela en particular. En cuanto a las teorías de la reproducción, el trabajo realizado por Bowles y Gintis (1971) está dedicado a la relación entre el aparato productivo, el mercado de trabajo y la escuela, en donde se considera que ésta forma –principalmente en cuanto a actitudes y conductas– de acuerdo a las exigencias del aparato productivo. Sin embargo, estudios recientes (Willis, 1977) han demostrado que la dinámica escolar contiene un nivel de mayor complejidad, por lo que no sólo se la puede concebir en una relación determinante con lo económico.

En nuestro medio cabe señalar que los estudios referidos al mercado de trabajo o a la relación entre economía y educación son escasos. Si bien algunos destacados investigadores en México se han dedicado de manera prioritaria a estudios en materia de economía de la educación, se considera que ésta es una dimensión importante que tiene que retomarse en el campo del currículum, en donde la perspectiva de la totalidad social permite estar atentos para no caer en reduccionismos economicistas, sin dejar de lado la importancia determinante de esta dimensión.

- **Ideológica**. Se parte de comprender la ideología como

"a) un conjunto de ideas acerca del mundo y la sociedad que: b) responden a intereses, aspiraciones o ideales de una clase social en un contexto social dado y que: c) guían y justifican un comportamiento práctico de los hombres acorde con esos intereses, aspiraciones o ideales"(Sánchez Vázquez, 1976:292).

La dimensión ideológica es muy importante en la conformación y desarrollo de un currículum en la medida en que contiene las formulaciones básicas que tienden a justificar el poner en práctica un currículum, esto es en la justificación misma de un currículum se encuentran los elementos ideológicos que son una parte central del motor de dicho currículum. Las perspectivas actuales de análisis del currículum oculto se sustentan en gran medida en esta dimensión.

- **Dimensión institucional**. La dimensión institucional es el espacio privilegiado del currículum, toda vez que es la institución educativa donde se concreta la síntesis de elementos culturales (conocimientos, valores, creencias, hábitos y actitudes) que conforman una determinada propuesta académico-política.

  Es válido afirmar que la dimensión social amplia (cultural, política, económica, social e ideológica) se expresa y desarrolla en la institución escolar a través de mediaciones y particularidades.

  La organización de tiempos y espacios, el manejo del contenido, la dinámica particular de relaciones y de trabajo, la jerarquía escolar, la burocracia en la institución escolar, la certificación, etc., son algunos de los tópicos más significativos en la dimensión institucional del currículum.

  Es importante concebir a la institución en relación a su fuerza instituida y a su capacidad instituyente.

- **Dimensión didáctico-áulica**. La dimensión didáctico-áulica se refiere al espacio de encuentro, desarrollo y concreción cotidiana de una propuesta curricular entre alumnos y maestros. En ella son los problemas fundamentales la relación maestro-alumno, la relación con el contenido, el proceso grupal, el problema de la evaluación del aprendizaje y el programa escolar.

- **Dimensiones particulares o específicas**. Se refieren, como ya se ha señalado, a aquellos aspectos que le son propios a un determinado currículum y no a otros. En su relación con las dimensiones generales las particulares o específicas determinan las características esenciales de un currículum.

Estas dimensiones se refieren al nivel educativo, al tipo de educación, a la población a la que va dirigida el currículum, etc. De tal forma que, por ejemplo, si se trabaja sobre un currículum de educación básica para adultos una de sus dimensiones particulares será la problemática de la educación para adultos. Estas dimensiones implican la comprensión teórica de estos aspectos particulares.

- **Acerca del carácter histórico y no mecánico y lineal del devenir de los currícula en las instituciones sociales educativas**. Cuando se habla de carácter histórico y no mecánico del currículum se está haciendo referencia a la complejidad misma de la práctica, la cual no puede entenderse como aplicación de lo estructural-formal, en la medida en que tiene sus propias particularidades, como lo hemos venido señalando. Esto es, el carácter histórico es el devenir curricular.

- **Niveles de significación**. Se concibe a los niveles de significación como construcciones conceptuales que nos permiten pensar en el tipo de significaciones constitutivas de la síntesis de contenidos culturales que determinan a un currículum, así como de aquellas que se van generando en su devenir histórico-social. Estas significaciones pueden ser implícitas o explícitas, directas, indirectas, manifiestas o latentes.

En particular, los estudios que se han realizado en los últimos lustros sobre el currículum oculto se desarrollan, en gran medida, en cuanto al análisis de los niveles de significación que operan en un currículum y de su interrelación[10].

---

10 En cuanto a la idea de distintos niveles de significación es importante el trabajo de Derrida. *"Hay datos que deben ser descritos en términos de estructura, otros en términos de génesis. Hay capas de significaciones que aparecen como sistemas, como complejos, como configuraciones estáticas*

2. Sobre la determinación curricular[11]

> *La determinación... –un proceso de límites*
> *y presiones complejo e interrelacionado–*
> *se halla en el propio proceso social en su*
> *totalidad y en ningún otro sitio.*
> Raymond Williams

Este segundo apartado de la tercera parte del volumen lo hemos dividido en tres rubros: el primero de ellos dedicado a una contextualización general, el segundo al tratamiento de la problemática de la determinación curricular y los sujetos del currículum, y el tercero relativo a aspectos propositivos.

- **Contextualización general.** Como lo afirmamos en la primera parte de este trabajo, el campo del currículum se encuentra en crisis, no sólo en países como el nuestro, sino también en aquellos con problemáticas distintas (aunque íntima y estructuralmente interrelacionadas con las nuestras), como lo son Inglaterra y Estados Unidos.

---

en el interior de las cuales, por lo demás, son posibles el movimiento y la génesis, que deberán obedecer a la legalidad propia y a la significación funcional de la estructura considerada. Otras capas ora más profundas, ora más superficiales, se dan según el modo esencial de la creación y del movimiento, del origen inaugural, del devenir o de la tradición la cual exige que se hable acerca de ellos con el lenguaje de la genesis, suponiendo que haya uno, o que sólo haya uno" (Derrida, 1986:126).

11   Una primera versión de este trabajo se presentó el 24 de febrero de 1989 en la sesión extraodinaria del seminario permanente de análisis curricular (CESU-UNAM), dedicada al "Análisis de la problemática curricular en la coyuntura actual", y en la Asociación Nacional de Universidades e Instituciones de Educación Superior (ANUIES) en el marco de la consulta nacional sobre la modernización de la educación, posteriormente las ideas principales, a la luz de los acontecimientos clave de 1989, se presentaron en el foro local del CESU-UNAM, 26 de febrero-9 de marzo de 1990. La versión última es la que se expone en este volumen y tiene algunas modificaciones.

Si bien es cierto, consideramos que esta difícil situación en la que se encuentra el campo del currículum tiende hacia los límites del desarrollo discursivo y la reiteración circular de la práctica, o bien, hacia una transformación profunda; tanto nuestros análisis como nuestros esfuerzos por privilegiar una direccionalidad social del desarrollo del campo, pretenden reconocer los esfuerzos tendientes a su transformación profunda.

Consideramos que en el momento actual, incluso por las nuevas formas de producción[12], se presenta como una situación insostenible el caminar hacia los límites discursivos y la circularidad práctica que apuntan a la reproducción funcional y mecanicista del campo del currículum. Esto es, las condiciones presentes en el marco social amplio en el que vivimos nos muestran cierta urgencia en cuanto a la construcción de líneas de corte positivo, dado que estamos viviendo un momento de ajustes y cambios trascendentales.

Ante tal coyuntura, pensamos que es fundamental coadyuvar a la transformación del campo, lo cual implica la transformación del discurso, de la práctica y de la relación entre discurso y práctica.

En esta línea, en los últimos años, y como lo hemos querido expresar a lo largo de todo el volumen, nuestras concepciones sobre el currículum han cambiado radicalmente, de tal forma que hoy en día lo concebimos de acuerdo a la complejidad que nos han impuesto los avances en este campo tanto por el proceso de análisis crítico que en él se ha venido desarrollando en México (y en algunos otros países latinoamericanos) desde finales de la década de los setentas como por las críticas y nuevas formulacio-

12 Nos estamos refiriendo a los cambios observados en las formas de producción a raíz de la tercera revolución industrial. El impacto de estos cambios en la educación superior en México ha sido abordado, entre otros, por Ma. Teresa Bravo, Graciela Herrera Labra y Bertha Orozco F. en su trabajo "Impacto de la reconversión industrial en México (algunas aproximaciones)" (1988).

nes conceptuales que sobre el mismo se han venido produciendo en países como Inglaterra (nueva sociología de la educación) y Estados Unidos (reconceptualismo y pedagogía crítica).

En nuestro caso, cabe reconocer la producción que se ha venido dando en México en torno a la cuestión curricular. En ésta se destaca el pensamiento de Díaz Barriga[13], así como el de otros educadores mexicanos y latinoamericanos residentes en el país, que han realizado importantes cuestionamientos y críticas y, con ello, han realizado valiosas contribuciones que, sin duda, han enriquecido al campo en su conjunto. Es importante hacer una breve revisión de las polémicas que en México se han desarrollado y que son relevantes en el momento actual. Destacan la que versó sobre el carácter de la práctica profesional y la que abordó la problemática de la orientación de los currícula universitarios.

La polémica sobre la práctica profesional se desarrolló fundamentalmente entre profesores e investigadores de la UAM-Xochimilco y la UAM-Azcapolazco[14]. En el centro de esta polémica hubo cuestiones tales como si es posible determinar la práctica profesional desde el espacio del currículum o, si bien, ésta se determina sólo en el mercado de trabajo. Desde nuestro punto de vista la vigencia y relevancia de esta polémica, en este momento y en el contexto de este trabajo, se encuentra en la problemática implícita en ella sobre la *determinación social*, la cual resulta central cuando intentamos desarrollar la temática de la *determinación curricular*.

---

13 Díaz Barriga es sin duda el autor más relevante en el testimonio de ello. Pueden ser considerados ya como clásicos sus dos libros *Didáctica y currículum* (Nuevomar) y *Ensayos sobre la problemática curricular* (Trillas).

14 Los exponentes más destacados en esta polémica, aunque no los únicos, fueron Roberto Follari de la UAM-Azcapolazco y Gilberto Guevara Niebla de la UAM-Xochimilco. Cfr. (Follari-Berruezo, 1981; Guevara Niebla, 1976).

En vinculación con la polémica señalada, pero con sus propias particularidades, se desarrolló aquella que atendió a la orientación de los currícula universitarios, en donde se discutía si éstos tendrían que atender a las demandas del aparato productivo (en aquel momento esto se traducía en una orientación eminentemente técnica y eficientista), o bien, si los currícula universitarios tendrían que estructurarse en torno a una formación fundamentalmente teórica. Tanto Díaz Barriga (Díaz Barriga-Barrón Tirado: 1983) como Follari (1983), con énfasis particulares cada uno, propusieron el fortalecimiento de la formación teórica en los currícula universitarios como respuesta a la política estatal universitaria (explicitada en los planes para la educación superior[15]), que propugnaba una vinculación estrecha y directa con el aparato productivo.

Es importante en este momento retomar las polémicas anteriores a la luz de la coyuntura imperante, ya que, si bien, consideramos que estos debates impulsaron la discusión y permitieron una mejor comprensión de la complejidad curricular, también pensamos que los planteamientos formulados han sido rebasados, en ciertos sentidos, por las condiciones sociales, culturales, políticas y económicas que hoy privan en el contexto nacional y en el internacional.

En cuanto a la influencia que hemos recibido de pensadores ingleses y norteamericanos, principalmente, cabe señalar que éstos se ubican en la nueva sociología de la educación (Michael Young, Basil Bernstein, Paul Willis, entre los más importantes), el análisis neomarxista crítico de la educación (Michael Apple) y la pedagogía crítica (Henry Giroux y Peter McLaren). La influencia directa de estos pensadores se ha dado en los últimos

---

15 Estos planes para la educación superior se han concretado con diferentes nombres de acuerdo a los períodos sexenales del gobierno mexicano. Sobre el análisis de las políticas para la educación superior se sugiere la consulta de los trabajos de Javier Mendoza Rojas, 1981, 1984.

años, y actualmente su pensamiento empieza a socializarse[16]; sin embargo, lo que nos parece más importante en cuanto a su estudio y análisis crítico de sus planteamientos, lo encontramos en las *fuentes teóricas comunes*[17] que hemos observado, tales como la Escuela de Frankfort, el neomarxismo de Raymond Williams, algunos aportes de Foucault, el pensamiento de Gramsci y, en los últimos años, al análisis de algunos autores postmodernos, entre las más relevantes. Esto es, que más que recibir de estos autores una influencia directa y mecánica, hemos coincidido con ellos en un movimiento crítico que está replanteando las formas específicas y los lugares teóricos a partir de los cuales se comprende la problemática educativa en general y la del currículum en particular.

En el momento actual la realidad social ha sufrido cambios importantes que, desde luego, afectan al currículum universitario en cuanto a cómo pensarlo y en relación con las prácticas curriculares, y es en este contexto que es válido afirmar que estamos dando pasos importantes en la línea de una transformación radical del campo del currículum, si bien asumimos que en esta tarea nos encontramos con situaciones tan difíciles como la que hemos denominado la *conformación del mito del currículum* –trabajada en la segunda parte del volumen–, constituido en la particularidad de la relación entre el constructor de la palabra y el protagonista-escucha en el ámbito del desarrollo del discurso crítico sobre el currículum producido en México a finales de la década de los setentas y durante la de los ochentas.

---

16 En esta línea cabe señalar los esfuerzos realizados (colateralmente mencionados en una nota de la segunda parte de este volumen) en materia de traduccción y edición de la obra de estos autores en la Universidad Pedagógica Nacional, en la Universidad Autónoma Metropolitana-Xochimilco, en el Departamento de Investigaciones Educativas del IPN y en Centro de Estudios sobre la Universidad de la UNAM.

17 A esta cuestión dedicamos el siguiente apartado de esta tercera parte del volumen.

Es en un contexto de búsqueda de elementos propositivos que tiendan a aportar elementos para contender en el ámbito social amplio, como sujetos sociales que desarrollamos nuestra tarea académica (de investigación, docencia o asesoría) en el campo del currículum en las *universidades públicas del país*, que se ubica el desarrollo que hacemos en este apartado, el cual se encuentra en una línea de pensamiento e investigación que hemos estado desarrollando en los últimos años y que, como lo indicamos en la Presentación, se encuentra en un momento de cierre, aunque éste en sí mismo sea de apertura para continuar en esta línea de indagación.

- **A partir de una noción de currículum.** En este trabajo intentamos analizar lo relativo al *proceso de la determinación curricular* a partir de la concepción amplia de currículum que desarrollamos en el apartado anterior.

Cabe enfatizar que por currículum entendemos la síntesis de elementos culturales (conocimientos, valores, costumbres, creencias, hábitos) que conforman una propuesta político-educativa pensada e impulsada por diversos grupos y sectores sociales cuyos intereses son diversos y contradictorios, en donde algunos de éstos son dominantes y otros tienden a oponerse y resistirse a tal dominación o hegemonía. Síntesis a la cual se arriba a través de diversos mecanismos de negociación, lucha e imposición social. Propuesta conformada por aspectos estructurales-formales y procesales-prácticos, así como por dimensiones generales y particulares que interactúan en el devenir de los currícula en las instituciones sociales educativas. Devenir curricular cuyo carácter es profundamente histórico y no mecánico y lineal. Estructura y devenir que se conforman y expresan a través de distintos niveles de significación.

Tal concepto nos remite, de manera particular, al contexto social amplio en el cual se desarrolla el proceso de la determinación curricular. Esto es, es en la sociedad en general, en su seno, en donde los diferentes grupos y sectores, conformados por sujetos sociales, luchan por imprimir a la educación la orientación que consideran adecuada de acuerdo a sus intereses.

En la coyuntura actual se vive un momento en el cual se empieza a concretar una nueva política educativa, signada tanto por el proceso de *modernización educativa*, el cual se inicia en el ciclo escolar 1990-1 con la *prueba operativa* para preescolar, 1° y 3° de primaria y 1° de secundaria, como para la realización del Congreso Universitario y otras importantes manifestaciones en los diversos niveles y modalidades del sistema educativo.

En este contexto los currícula universitarios vuelven a ser motivo de reflexión y materia de discusión y propuestas por parte de los diferentes grupos y sectores sociales que se encuentran interesados en participar en el proceso de su determinación, lo cual parece inevitable dada la situación de ajustes y cambios que hemos señalado.

Nuestra preocupación e interés se centran en el pensamiento de los propios universitarios en torno a este posible proceso de determinación curricular. En síntesis, los universitarios que desarrollamos nuestra tarea académica en las universidades públicas del país, ¿tenemos elementos para participar como sujetos sociales en la determinación curricular?, o bien, ¿seremos sólo sujetos de la estructuración formal de los nuevos currícula y de su desarrollo operativo?

Para avanzar por los cauces a los que nos obligan los interrogantes anteriores, nos parece importante señalar algunas de las situaciones contextuales más relevantes a las que se enfrentan las transformaciones curriculares en este fin de siglo y de milenio y ante los albores del siglo XXI.

- **Los currícula universitarios ante los retos del siglo XXI: una reflexión obligada**[18]. Es obligatorio para nosotros llevar a cabo un esfuerzo de contextualización en cuanto a los aspectos más relevantes que se observan en el momento actual.

- **Ausencia de una utopía social**. Es radicalmente distinto este fin de siglo en relación al anterior, en el cual se contaba con utopías sociales que prometían la resolución de los grandes problemas que entonces vivía la humanidad (muchos de los cuales aún vive); solución que giraba, de distintas maneras, en torno a las ideas de progreso y justicia social. Si bien se sostenían desde opuestos y contradictorios proyectos sociales: el del progreso capitalista (basado en el libre mercado) y el del socialismo.

El siglo XX ha sido la arena en la cual estos proyectos, ambos utópicos pero bien perfilados en las postrimerías del siglo XIX, se han desarrollado, han devenido historia.

Sin embargo, en el momento actual, si bien aún tenemos muchos de los problemas que se tenían a finales del siglo XIX (y, por supuesto, muchos otros han sido superados significativamente) no contamos con utopías sociales ambiciosas que prometen darles solución. Esta sería, desde nuestro punto de vista, una de las características centrales del contexto social amplio en el que vivimos.

Podemos observar, en el plano de las utopías, aquello que podríamos considerar como utopías no sociales o catastrofistas, como lo son las planteadas en *1984* de Orwell y *Mundo feliz* de Huxley. Aunque cabe señalar que en los países del Primer Mundo ha empezado a ser seriamente considerada la utopía de la sociedad

---

18 En esta parte del trabajo presentamos el esbozo de algunas ideas que cobran un mayor desarrollo en el último apartado.

del ocio, la cual para nosotros aún parece una posibilidad lejana debido al papel que juegan y tienden a seguir jugando nuestros países en la reestucturación económico-social que está sufriendo el mundo a raíz de la llamada tercera revolución industrial.

- **Situación límite: crisis ambiental y amenaza nuclear**. Es sin duda en el siglo XX en el que el hombre ha alcanzado un desarrollo sin precedentes; las transformaciones que la humanidad ha vivido se caracterizan por la celeridad con la que se suceden los cambios y los avances de la ciencia y la tecnología, bien podrían parecer cosa mágica, imaginados en otras épocas históricas.

No obstante, es también en este siglo en el cual el hombre se encuentra ante problemas inéditos que nos permiten hablar de una situación límite, ya que potencialmente ponen en peligro su existencia misma. Éstos son el grave deterioro ambiental que se está sufriendo en todo el mundo y la constante amenaza de una conflagración nuclear.

El deterioro ambiental ha obligado a la emergencia de la ecología en los últimos lustros. La ecología tiende a ocupar cada vez más un sitio destacado en todos los espacios sociales, la perspectiva ecológica se perfila como absolutamente necesaria para cualquier acción que emprenda la humanidad en los próximos años y se ha de tomar en cuenta en todos los programas educativos, ya sea que se refieran a la educación formal, a la no formal o a la informal.

En México, si bien es cierto que se está dando atención a esta problemática, cabe señalar que aún son incipientes los avances.

En cuanto a la amenaza nuclear, son dignos de mención los acuerdos entre la Unión Soviética y los Estados Unidos en la línea del desarme, aunque el problema no deja de ser muy serio.

- **La pérdida del sentido**. Reconozco como aporte del post-modernismo la descripción que hace acerca del problema de la indiferencia que caracteriza a las sociedades contemporáneas, principalmente a las del Primer Mundo, en la medida en que apunta hacia la necesidad de una revisión profunda de los valores que habían funcionado como estructurantes del sentido en tales sociedades. Para Lyotard la indiferencia es un estado de madurez para decidir. Coincido con este autor, y en otros, en la necesidad de madurar la fuerza de decidir, de juzgar, en la medida en que el momento que se vive está exigiendo fuertes y radicales análisis sobre lo que en este siglo hemos realizado y, de manera particular, sobre los puntos nodales de la problemática contemporánea, entre los cuales se encuentra la indiferencia, la crisis de valores, la pérdida de sentido. Esta pérdida de sentido es trabajada por Habermas (1981) cuando postula la instauración de una acción técnica, regida por los paradigmas del avance científico-tecnológico y por la lógica de la industrialización, en lugar de la acción comunicativa, regida por códigos morales. Acción comunicativa que se ha perdido y que viene a ser el sustento de la pérdida de sentido e indiferencia a la que nos estamos refiriendo. Esta característica de las sociedades modernas se observa principalmente en los países del Primer Mundo y, sobre todo, en las grandes urbes.

- **La pervivencia de la pobreza: el injusto reparto de la riqueza en el mundo**. El problema de la pobreza en el mundo, el hecho de constatar que vivimos en un mundo en el que más que hablar de países en desarrollo y países desarrollados se puede hablar de países pobres y ricos es un problema que por su pervivencia no deja de ser uno de los más espinosos que hoy tiene que enfrentar el hombre, cuando ha logrado avances sin precedentes en materia científica y se encuentra con serias dificultades para ver el correlato de los mismos en materia social. Este es un problema que, con sus características actuales y con un arraigo histórico milenario, se constituye como uno de los retos más severos que enfrenta actualmente la humanidad. Plantear algunos elementos que tiendan a su superación implica necesariamente incursionar en el complejo entramado de las conformaciones estructurales de carácter económico y político. Esto es, por más que la pobreza sea padecida por determinados países, sectores y países conformados por sujetos sociales específicos, el problema no es privativo de tales, ya que está determinado por relaciones estructurales que atraviesan al mundo contemporáneo en su conjunto.

- **El impacto de la tercera revolución industrial.** La tercera revolución está imponiendo nuevos estilos, nuevas formas de producción.

A la era de la industria pesada se le está oponiendo la de la industria ligera. Hoy en día en los países del Primer Mundo y en algunas empresas de carácter transnacional instaladas en los países del Tercer Mundo es común pensar en el tiempo promedio de la empresa y planearla de acuerdo a éste. Esto es producido por los acelerados avances de la ciencia y la tecnología y está ocasionando, entre otras cuestiones importantes, que se impongan nuevas formas en la relación obrero-patronal, ya que no es dable pensar, en una situación de este tipo, en el obrero clásico que podría permanecer durante toda su vida productiva es una misma fábrica.

En cuanto a las actividades mismas que se desarrollan de acuerdo a la nueva lógica de producción se destaca el cambio que se está produciendo en las exigencias de capacitación que se hacen desde el aparato productivo. Están siendo superados los *Tiempos modernos* de Chaplin. Esto implica que hasta el obrero que va a realizar las operaciones más sencillas tenga un adiestramiento básico que le permita incorporar con rapidez y eficiencia los cambios, provenientes de los avances en la ciencia y la tecnología, en los sistemas de producción.

- **La comunicación en el mundo contemporáneo**. El asunto de la comunicación es central en relación a la comprensión del mundo moderno; los medios masivos de comunicación están jugando un papel muy importante en cuanto a la transmisión, producción y reproducción cultural e ideológica[19].

- **Las luchas de liberación nacional**. Las luchas de liberación nacional vienen a ser una de las constantes más importantes en la segunda mitad del siglo XX. Ellas son, a la vez, expresiones de resistencia en contra de los regímenes dominantes y de la voluntad humana empeñada en encontrar nuevas y mejores formas de convivencia.

- **Las minorías étnicas en las naciones**. Las luchas de las minorías étnicas en las naciones está cobrando fuerza cada día. Si bien la tendencia dominante sostiene que las minorías étnicas tienden a desaparecer, sus luchas y su permanencia en los contextos nacionales son indicadores significativos de un

---

19 Un ejemplo reciente sobre el papel de los *mass media* es el evento organizado por Octavio Paz en agosto de 1990: "El Siglo XX: la Experiencia de la Libertad", el cual se llevó a cabo por medio del canal 17 de cablevisión. Esto es, la televisión reemplazó al auditorio, al espacio académico. En cuanto al contenido mismo del evento merecería un trabajo específico, en este momento me contento con señalar que posturas como la que dominó en este evento son las que me hacen afirmar que existe una ausencia de utopía social amplia deseable y posible para el siglo XXI. Si bien es cierto que estamos asistiendo a la muerte del socialismo real y nos congratulamos por ello, estamos muy lejos de sostener que la economía de mercado sea la base idónea para el desarrollo de la libertad y la justicia social; desde nuestro punto de vista, existe ausencia de utopía y el resquebrajamiento del progreso capitalista, si bien aún no es evidente, se encuentra en proceso acelerado de gestación.

mundo que se resiste a moverse en su totalidad de acuerdo a la racionalidad dominante.

• **La caída del Muro de Berlín: la muerte del socialismo real.** No podemos dejar de incorporar, aunque aún no lo acabemos de comprender cabalmente, los cambios que se están dando, de manera acelerada a partir de de 1989, en los países socialistas.

Celebramos la muerte del socialismo real en tanto que en la práctica social se consolidó como una dictadura de Estado. Sin embargo, consideramos que con el fracaso histórico del socialismo real no quedan superados los múltiples conflictos que enfrenta el hombre en las postrimerías del siglo XX. La caída de estos regímenes es una muestra más de un mundo que se resiste a seguir viviendo bajo la lógica dominante de los sistemas sociales que han sido imperantes en este siglo: el socialismo y el capitalismo.

¿Veremos la muerte del capitalismo? Es difícil predecirlo, aunque la situación económica actual nos revela que el progreso económico industrial no ha llevado a un desarrollo de la justicia social sino, por el contrario, los conflictos en esta materia se han agudizado.

• **Determinación curricular y sujetos del currículum**. De acuerdo a la contextualización general que hemos realizado desarrollaremos lo concerniente al proceso de determinación curricular, lo cual nos permitirá abordar una parte propositiva referida a la orientación de los currícula universitarios.

Para ello partimos de una breve conceptualización sobre dicho proceso, conceptualización que llevamos a cabo a partir de una noción amplia de determinación social. Enseguida nos referimos a la problemática de los sujetos del currículum para poder abordar la de los sujetos de la determinación curricular, esto es, conceptualizamos de tal manera a los sujetos del currículum que no todos son, a su vez, sujetos de la determinación curricular, lo cual nos da elementos para la comprensión y el análisis de sus distintas funciones, así como de la importancia de clarificar cuáles son y han sido los sujetos de la determinación curricular en momentos y contextos históricos específicos.

Con los elementos anteriores abordamos la problemática de la relación entre sujetos de la determinación curricular y transformaciones de los currícula en las universidades públicas, para abordar el último punto de este rubro, el cual es de carácter propositivo y está dedicado a exponer lo que, desde nuestro punto de vista, podría ser una propuesta para las transformaciones de los currícula universitarios en la cual, si bien no se desconoce el contexto actual, se rescatan algunos aspectos neurálgicos de la formulación universitaria.

- **El proceso de determinación curricular**[20]. El proceso de determinación curricular es en esencia un proceso social y, por tanto, puede comprenderse a la luz de la complejidad de la determinación de los procesos sociales en general. Esto es, en el centro de esta problemática se encuentra la de la determinación social, la polémica sobre estructura y superestructura, la relación entre génesis y estructura, entre devenir y estructura.

---

20 Estoy consciente de la necesidad de un desarrollo más amplio y profundo del tema abordado en este apartado, en ello me encuentro trabajando y he establecido diálogo con otros investigadores que se interesan por el desarrollo conceptual de las ideas que aquí se esbozan. Estoy particularmente interesada en las posturas de Ángel Díaz Barriga, Adriana Puiggrós, Henry A. Giroux, Peter McLaren y Michael Apple.

Partimos de concebir los procesos de determinación social como aquellos en los cuales a través de luchas, negociaciones o imposiciones, en un momento de transformación o génesis, se producen rasgos o aspectos sociales que, de acuerdo a una determinada articulación, van a configurar una estructura social relativamente estable y que tiende a definir los límites y las posibilidades de los procesos sociales que en el marco de tal estructura se desarrollen.

Sobre esta noción de determinación social es importante hacer las siguientes puntualizaciones:

1) La estructura social es relativamente estable, se gesta en momentos de transformación o génesis: por tanto, guarda una inextricable relación con dichos momentos. De tal forma que, aun en los casos en los que se observan sólidas estructuras, con carácter férreo, éstas son dinámicas, toda vez que se están produciendo en su interior movimientos que en determinado momento apuntarán hacia la transformación de tal estructura y se reestructurarán en el contexto de un proceso de génesis de un nuevo proceso social. Esto es, en un proceso en el cual se perfilarán los rasgos determinantes de una nueva estructura.

2) La génesis es un momento de transformación, de ruptura, en el cual se producen cambios estructurales. En otras palabras, se produce la ruptura de estructuras anteriores y la emergencia de nuevas estructuras.

3) Los procesos de génesis, conformación y consolidación de estructuras sociales se originan y desarrollan en el devenir histórico; por tanto, son dinámicos e interdependientes y se encuentran en constante movimiento.

En esta línea de pensamiento, Henri Lefébvre hace una crítica al estructuralismo francés y lo compara con el eleatismo griego.

"En la tradición europea existe una filosofía célebre, nacida en Grecia aproximadamente en la misma época que las grandes filosofías clá-

sicas, que niega el movimiento. Esta filosofía es el eleatismo y toma su nombre de uno de los fundadores, Zenón de Elea. combatía la filosofía del movimiento y del devenir, la de Heráclito. Puede decirse que hoy el estructuralismo tal como se dibuja en Francia y en otras partes, por su negación de la historia y por su voluntad —confesada o inconfesada— de inmovilizar la sociedad en los marcos existentes, constituye un nuevo eleatismo"(1968:39).

En síntesis, nos interesa destacar el carácter relativamente estable de las estructuras, así como los espacios de autonomía relativa de cada ámbito o esfera social y la importancia de la relación entre estructura y génesis, estructura y devenir, así como entre estructuras y proceso (Bloch, 1966; Derrida, 1966; Sánchez Vázquez, 1968; Lefébvre, 1968), con el fin de comprender la complejidad de los procesos de determinación social, los cuales, si bien se producen en momentos de transformaciones sociales o génesis de nuevos procesos sociales, tienden a conformar nuevas estructuras. En nuestro caso particular, nuevas estructuras curriculares.

En la línea de lo expuesto, cuando hablamos de proceso de determinación curricular nos estamos refiriendo a aquel en el cual, a través de luchas, negociaciones o imposiciones que se desarrollan de acuerdo a los intereses de diferentes grupos y sectores se determina un currículum en sus aspectos centrales, esto es, en su orientación básica y estructurante.

- **Los sujetos del currículum: una primera conceptualización**[21]. El proceso de determinación curricular se produce a través de los procesos de lucha, negociación e imposición que se desarrollan entre diversos grupos y sectores de la

---

21 La conceptualización sobre los sujetos sociales del currículum la inicié en el seno de la discusión académica que sostuve, durante 1989, con el equipo de investigadores de la Universidad de Guadalajara (U de G) coordinado por la profesora Ana Rosa Castellanos.

sociedad interesados en determinar el tipo de educación que se ha de propiciar a través de un currículum específico. Sin embargo, nos parece fundamental en este momento enfatizar la importancia de incorporar la noción de sujeto social, dado que la noción de grupos o sectores nos resulta insuficiente en la tarea de análisis específicos y concretos como aquél al que pensamos arribar en este trabajo.

El sujeto social se caracteriza por poseer conciencia histórica; esto es, por saberse parte de un grupo o sector que suscribe determinado proyecto social. Es, en términos de Hegel (1807), el que ha logrado tránsito de una conciencia en sí a una conciencia en sí a una conciencia para sí. El sujeto social es tal en tanto sus acciones se inscriben en una determinada direccionalidad social (Zemelman, 1987a; 1987b) contenida en el proyecto social que sustenta.

"La idea de proyecto supone la existencia de un sujeto capaz de definir un futuro como opción objetivamente posible, y no como mera proyección arbitraria. Es gracias a los proyectos que el sujeto establece una relación con la realidad que se apoya en su capacidad de transformar a esa realidad en contenido de una voluntad social, la cual, a su vez, podrá determinar la dirección de los procesos sociales. Así, hechos potenciales podrán ser predeterminados, gracias a la acción de una voluntad social particular. En este contexto, la apropiación del presente deviene un modo de construir el futuro, y, a la inversa, un proyecto de futuro, protagonizado por un sujeto, se transforma en un modo de apropiación del presente".

"En realidad, el sujeto será realmente activo, sólo si es capaz de distinguir lo viable de los puramente deseable, es decir, si su acción se inscribe en una concepción del futuro como horizonte de acciones posibles"(Zemelman, 1987b:16-7).

En el campo del currículum podemos hablar de sujetos sociales del currículum en la medida en que nos referimos a grupos que sostienen determinados proyectos sociales y que tienen diferentes formas de relacionarse y de actuar en el ámbito de la determinación, la estructuración y el desarrollo curricular.

A grandes rasgos, podríamos diferenciar tres tipos de sujetos sociales del currículum, los cuales no necesariamente conciben al currículum y actúan en su ámbito de acuerdo al mismo proyecto social.

Estos sujetos sociales del currículum son:

a) Los sujetos de la determinación curricular,
b) los sujetos del proceso de estructuración formal del currículum,
c) los sujetos del desarrollo curricular.

Los sujetos sociales de la determinación curricular son aquellos que están interesados en *determinar* los rasgos básicos o esenciales de un currículum particular. En términos generales, son sujetos sociales que, si bien tienen un interés específico en relación a la orientación de ciertos currícula, en muchas ocasiones no tienen una presencia directa en el ámbito escolar. Por ejemplo, el Estado, el sector empresarial, los sectores populares, la Iglesia, los distintos partidos políticos, los colegios de profesionales, los gremios profesionales.

Los sujetos sociales del proceso de estructuración formal del currículum son aquellos que en el ámbito institucional escolar le otorgan forma y estructura al currículum de acuerdo a los rasgos centrales perfilados en el proceso de determinación curricular. Nos estamos refiriendo de manera específica a los consejos técnicos, los consejos universitarios, las academias y los equipos de evaluación y diseño curricular. En términos generales, este proceso se concreta en la elaboración del plan de estudios.

Los sujetos sociales del desarrollo curricular son aquellos que convierten en práctica cotidiana un currículum. Nos referimos principalmente a los maestros y alumnos. De acuerdo a nuestra noción del currículum, son los sujetos del desarrollo curricular los que retraducen, a través de la práctica, la determinación curricular, concretada en una forma y estructura curricular específica, imprimiéndole diversos significados y sentidos y, en última instancia, impactando y transformando, de acuerdo a sus propios proyectos sociales, la estructura y determinación curricular iniciales.

Si bien cada uno de estos sujetos sociales del currículum merece un análisis y desarrollo específico, de acuerdo al interés básico de este trabajo nos centraremos sólo en los sujetos de la determinación curricular.

- **Los sujetos de la determinación curricular.** Como ya ha sido señalado, el debate para la determinación curricular se desarrolla en el contexto social amplio, de tal forma que los sectores propiamente educativos (maestros, alumnos, autoridades, padres de familia) pueden o no ser parte de este proceso en la medida en que tengan propuestas y fuerza para participar en tal debate, si bien es necesario reconocer que en el momento de la estructuración formal del currículum los rasgos o aspectos centrales determinados en el contexto social amplio sufrirán algunas modificaciones de acuerdo a la reinterpretación que de los mismos se haga en el contexto escolar institucional.

El proceso de determinación curricular es complejo y, por lo tanto, requiere de un análisis específico en cada caso, el cual nos aporta elementos valiosos para comprender mejor la problemática de un currículum específico. Por ejemplo, en el ámbito de la educación primaria en México, podemos reconocer como sujeto social dominante de la determinación curricular al Estado mexicano; sin embargo, se advierte a un sector de la sociedad civil, el de la iniciativa privada o empresarial, como otro sujeto social interesado permanentemente en redeterminar el currículum de primaria a través de la polémica que ha mantenido (vía Asociación de Padres de Familia) con el Estado en las últimas décadas para que se modifiquen los contenidos de los libros de texto gratuitos.

Por otra parte, los procesos de determinación curricular en las instituciones de educación superior varían de acuerdo a las particularidades de cada institución y de las carreras. Por ejemplo, algunas profesiones en nuestro país, como la de ingeniería y medicina, responden de manera privilegiada a la propia organización del sector. Hoy en día podemos observar un interés generalizado por tal reforma de los currícula universitarios, que se inscribe en el contexto de los cambios que está sufriendo el país, en relación a los cuales los diferentes grupos sociales (y entre ellos los diversos sectores de profesionales) mantienen determinados intereses.

En el caso de las universidades públicas, consideramos que se hacen necesarios análisis sobre los procesos de determinación curricular que se han dado en las últimas décadas y, de manera especial, con el fin de comprender mejor los procesos de determinación curricular que para las universidades se están gestando, y, en el marco de esta problemática, abocarnos al análisis del papel que en tales procesos estamos jugando los universitarios. A esta tarea nos dedicaremos enseguida.

- **Sujetos de la determinación curricular y transformaciones del currículum en las universidades públicas.** A partir de la consulta nacional sobre la educación realizada el año pasado (1989), la presentación del programa para la modernización educativa (1989-1994) y su puesta en marcha a través de la prueba operativa en el ciclo escolar 1990-1991, se han estado manifestando un conjunto de críticas y propuestas que reclaman la transformación de los currícula universitarios. Sin embargo, parece fundamental aclararnos: ¿quiénes están interesados en la transformación de los currícula universitarios?, ¿cuáles son los sujetos sociales que tienen propuestas específicas para tal transformación curricular?, ¿cuál es la posición de los *universitarios de las universidades públicas* en relación a los cambios curriculares que se requieren y se reclaman?, ¿nos hemos asumido, los *universitarios de las universidades públicas*, como *sujetos sociales de la determinación curricular* en la coyuntura actual?

Aportar algunos elementos en relación a las interrogantes anteriores se convierte en el propósito central de este trabajo y en materia de los dos apartados siguientes.

- **La posición del Estado ante la necesidad de transformaciones en los currícula universitarios**. En términos generales, algunos de los aspectos importantes que caracterizan la posición del Estado frente a los cambios universitarios son:

    › Se observa una política de continuidad en relación a los periodos sexenales de gobiernos anteriores en cuanto a la necesidad de vincular a la universidad con el aparato productivo.

    › Se sostiene una severa crítica en cuanto al descenso del nivel académico en las carreras universitarias.

    › Se concibe la reforma de la educación en el marco de la modernización del país. Esto es, se la concibe como modernización de la educación.

    › Se observa un serio problema en relación a los subsidios, en función de los cuales el Estado ha adoptado modernas técnicas de planeación y presupuestación, como el presupuesto por programas y los recién implantados programas de estímulos a la productividad académica.

> Se mantiene el énfasis en la necesidad de lograr un aumento sensible en la calidad de la educación.

Si bien es cierto que la comprensión de la política estatal hacia las universidades requiere de un análisis acucioso que no se hace aquí, es necesario subrayar que ésta se inscribe en el marco general de la política de modernización del actual régimen. El subsecretario de Educación Superior e Investigación científica

"resaltó la importancia de que la Universidad mexicana se conceptualice con la tesis de que está ingresando a un mundo distinto, y recogiendo lo mejor de su pasado se suba al cometa de la modernidad para lograr una nueva cultura nacional que guarde y mejore nuestra identidad" (*Uno más Uno,* 12-II-89).

En todo caso, el asunto para los universitarios sería enfrentar el qué y el cómo recoger lo mejor de nuestro pasado, aunque cabría preguntarnos si tenemos algunas propuestas también en cuanto a cómo subirnos al cometa de la modernidad.

La consulta sobre la educación, según lo expresó el presidente de la República, licenciado Carlos Salinas de Gortari, el día en que ésta se echo a andar,

"se conducirá sobre cuatro ejes principales: el contenido de la educación; los métodos de la enseñanza; la revisión del sistema educativo y la participación de la sociedad" (*Novedades,* 17-I-89).

De alguna manera, los ejes principales de la consulta apuntaron hacia la apertura de procesos de determinación curricular; por tanto, consideramos, en su momento, que esta medida gubernamental era importante por la potencialidad que conllevaba para convocar al sector académico y que éste fuera capaz de asumirse como sujeto social interesado en participar en los procesos de determinación curricular. Sin embargo, pareciera que en el plan nacional para la modernización de la educación no es posible reconocer la presencia del sector académico universitario como sujeto social con propuestas específicas.

El Congreso Universitario indudablemente fue un espacio de posibilidad para la expresión, el análisis y la discusión de los aspectos nodales que nos preocupan a los universitarios. Fue una oportunidad inédita para manifestarnos como sujetos sociales ante las iniciativas y disposiciones gubernamentales y ante la sociedad en general y, pese a la dificultad para lograr acuerdos y a los conflictos que en él se vivieron, el hecho de mantener la universidad pública es significativo en el contexto actual de una política neoliberal que está debilitando a la esfera pública.

- **La posición del sector empresarial ante la necesidad de transformaciones en los currícula universitarios, y el debate sobre la calidad de la educación en las universidades públicas y privadas**. Dos aspectos son centrales desde nuestro punto de vista en cuanto a la posición del sector empresarial ante la necesidad de transformaciones en los currícula universitarios:

  › La vinculación de las universidades con el aparato productivo;
  › la necesidad de reestructurar los currícula universitarios de acuerdo a los avances de la ciencia y la tecnología.

Lo anterior ha sido visto con buenos ojos por parte de algunos universitarios, lo cual puede constatarse en los párrafos que hemos entresacado de las declaraciones que hiciera en octubre de 1989 el rector de la Universidad Autónoma de Coahuila, Remigio Valdés Gámez:

"Más del 90 por ciento de los programas de investigación que se realizan en las universidades del país no tiene aplicación directa al sector productivo, porque no existe vinculación, entre la iniciativa privada y las instituciones de educación superior... La iniciativa

privada, explicó, debe participar en forma más estrecha en los programas de investigación, en los cuales en ocasiones no terminan el proceso ni sus aplicaciones debido a la escasez de infraestructura y recursos económicos…Valdés Gámez aseguró que la única posibilidad de allegarse recursos es la vinculación con la industria porque se podría plantear un método de subsidios para realizar programas en conjunto…" (Excelsior, 10-II-89).

En cuanto al debate sobre la calidad de la educación superior en las universidades públicas y privadas cabe señalar que se inscribe en la crítica que el Estado, la iniciativa privada e incluso algunas autoridades y demás sectores universitarios habían estado realizando en los últimos años a la universidad pública. Sobre esta problemática Diaz Barriga señala:

"La política educativa actual incluso ha denigrado a la universidad pública frente a la privada. Se han magnificado algunos problemas de la pública y se han escondido los proyectos sociales de la privada. Nadie recuerda que las universidades privadas en su conjunto no dedican ni el 1% de sus recursos a la investigación que se realiza en el país. Nadie mira la política editorial de la universidad pública ni el número anual de ediciones que estas instituciones realizan. La deserción, las dificultades de empleo han servido para satanizar a la institución pública sin analizar el contexto global donde esta situación se presenta" (Díaz Barriga, 1989:10-11).

Se está de acuerdo con Díaz Barriga en cuanto a la magnificación que se ha hecho de los problemas de la universidad pública en detrimento del reconocimiento de la labor que ésta realiza. Al respecto cabe reconocer que en la Universidad Nacional Autónoma de México (UNAM) el rector actual, desde que inició su gestión, mostró un cambio central en el tono y el sentido de su argumentación, como puede observarse en su mismo discurso de toma de posesión, en el cual afirmó:

"*La nuestra es una universidad inmersa, desde su origen, en el proceso social de México. De ahí que sus problemas sean de interés nacional y que los problemas nacionales se reflejen en la Universidad. Pero es injusto que la imagen que prevalezca de la Universidad Nacional, ante la sociedad mexicana sea una de deterioro, de depresión e inestabilidad política.*

La Universidad Nacional constituye el proyecto cultural más importante que ha logrado nuestro país en este siglo. Nuestra institución está enriquecida por la presencia y el trabajo creativo de varios cientos de profesores e investigadores que serían el orgullo de muchas de las mejores instituciones académicas del mundo. Su labor en la filosofía, en las artes, en las ciencias sociales, en las humanidades, en las ingenierías y en las ciencias exactas y naturales, es frecuente y repetidamente reconocida con premios y distinciones que halagarían a lo mejor del intelecto mundial. No exagero al decir que la comunidad académica de nuestra Universidad, como una parte muy importante del total del país, conforma uno de los sectores sociales que más han honrado y prestigiado el nombre de México en el ámbito internacional" (Gaceta UNAM, 5-I-89:5).

Más allá del tono de sobrevalorización del discurso es evidente el cambio en cuanto al ataque que los universitarios habíamos venido sufriendo por parte de la administración del doctor Rivero Serrano y, fundamentalmente durante la del doctor Jorge Carpizo.

El hecho de revalorizar la labor de las universidades públicas en el país nos parece fundamental en el momento actual, lo cual no significa que con ello se caiga en una actitud de autocomplacencia, sino más bien, en una actitud crítica que permita un análisis más amplio y complejo que el que hasta ahora había privado. En este sentido, la política del actual rector se ha manifestado congruente, hasta el momento, con el citado discurso de toma de posesión.

- **La ruptura del silencio de los universitarios de las universidades públicas ante la situación económica, el ataque a la esfera de la vida pública, y la importancia del Congreso Universitario**. En los últimos años uno de los aspectos más preocupantes fue el silencio de las universidades públicas en relación al ataque que en su contra se había venido realizando, y a su incapacidad para asumirse como sujeto social en el proceso de determinación que se está generando. Al respecto Díaz Barriga señala:

"Mientras la política educativa neoliberal busca que la educación se articule al aparato productivo (sin analizar las contradicciones que subyacen en éste) existe una ausencia para construir en forma colectiva una reflexión alternativa sobre la Universidad"(1988:10).

En varios foros se ha hablado de la ausencia de un proyecto político social amplio que sutenten las universidades públicas en las circunstancias presentes. Seguramente éste es uno de los aspectos centrales que han estado determinando el silencio o la ausencia a la que nos hemos referido. Sin embargo, como lo hemos esbozado en la primera parte de este trabajo, esta problemática se observa a nivel mundial, y es viable el rescate de procesos sociales significativos, que actualmente se están dando, para perfilar la vinculación de las transformaciones curriculares de acuerdo a determinada direccionalidad social que recupere los valores y los aportes básicos de la universidad pública en nuestro país y sea capaz de construir nuevos.

Esto es, consideramos que es fundamental que los universitarios nos asumamos como sujetos de la determinación curricular en el momento actual y no que nos conformemos con ser sólo sujetos sociales del desarrollo curricular, o, en el mejor de los casos, sujetos del proceso de estructuración formal del currículum.

Podemos afirmar que este silencio se ha empezado a romper con el inicio de la defensa de la universidad pública en nuestro país.

En cuanto al proceso de determinación curricular, este silencio se empezó a romper en las conferencias temáticas que precedieron a la realización del Congreso. Sánchez Vázquez

"subrayó que la Universidad tiene que elevar la calidad de su docencia, al facilitar los recursos y las condiciones para ello, eliminando la rigidez de sus planes de estudio, sustituir el énfasis en lo formativo, e instaurar lo creativo y el enfoque interdisciplinario" (*Cuadernos del Congreso Universitario*, 12:12).

Rolando Cordera afirmó:

"Lo que se requiere es conocimiento básico que habilite a la sociedad para responder con prontitud a las exigencias de flexibilidad y capacidad de adaptación compleja que hoy acompañan al cambio técnico" (*Cuadernos del Congreso Universitario*, 12:13).

En cuanto a los logros del congreso podría señalarse que se reafirmaron cuestiones importantes como lo es la formación crítica; sin embargo, consideramos que es necesario un esfuerzo mayor para constituirnos realmente como sujetos de la determinación curricular.

- **La necesidad de asumirnos como sujetos de la determinación curricular en la coyuntura actual**. Estamos concientes de la dificultad a la que nos acabamos de referir (en cuanto a la ausencia de un proyecto social amplio con el cual se identifiquen amplios sectores de nuestras universidades públicas y que paute y oriente la vinculación currículum-sociedad); sin embargo, es fundamental intentar el esbozo de propuestas que tiendan a marcar la direccionalidad de tal relación currículum-sociedad desde la perspectiva de las universidades públicas, y no que éstas asuman las pautas dominantes que hoy se aprecian en el contexto social amplio.

En cierto sentido, pensamos que en este momento es importante en términos de práctica social superar un momento eminentemente crítico y arribar a uno crítico-propositivo, lo cual implica, en términos de Giroux (1988), el pensarnos no sólo como intelectuales críticos, sino como intelectuales transformadores. Sabemos que ésta no es una tarea fácil, pero estamos de acuerdo con Díaz Barriga cuando sostiene:

"Necesitamos en forma colectiva enfrentar una crisis económica, política y social que nos desestructura; es sólo en la revisión colectiva de esta situación que podremos revisar la crisis educativa que enfrentamos crisis que es consecuencia (y no causa) de las otras. Frente a la innovación curricular (educación-empleo) necesitamos construir alternativas, necesitamos revisar los aciertos y los errores de las diferentes propuestas populares, sociales y nacionales por las que ha transitado la universidad mexicana. Necesitamos construir una experiencia universitaria que siga respondiendo a nuestra condición latinoamericana"(1988:11).

- **Campos de conformación estructural curricular: elementos propositivos generales para una reorientación curricular desde la perspectiva de las universidades públicas**. Es precisamente en la línea de asumir la necesidad de construir alternativas colectivas que respondan a nuestra condición latinoamericana y, en su contexto, a nuestra condición de universidad pública, que exponemos las siguientes ideas para su discusión y debate, las cuales pretenden constituirse como un aporte para hacer propuestas significativas que articulen los intereses de los universitarios con los de los demás sectores sociales en el proceso de determinación curricular que se está generando. Esto es, pretenden ser un aporte que nos permita, junto con otros y en el contexto de su análisis público y colectivo, asumirnos como sujetos sociales de la determinación curricular.

de cierre inicial[23], y es precisamente en este sentido en el que puede comprenderse la propuesta que hacemos.

Los campos de conformación estructural curricular que se proponen pretenden atender, tanto la problemática social amplia en la que nos encontramos actualmente como a las características básicas de una formación universitaria. Características básicas en las cuales, desde nuestro punto de vista, podemos encontrar el potencial de mayor riqueza en cuanto a realizar aportes significativos dirigidas a la solución de los graves problemas que hoy se viven en el ámbito nacional y en el internacional.

- **CCEC epistemológico-teórico**. Es necesario en este momento recuperar la discusión sobre el carácter de los currícula universitarios sostenida a principios de esta década en México, en la cual se oponían una formación vinculada a las necesidades del aparato productivo a una formación teórica (Follari, 1982; Díaz Barriga, 1982).

En aquel momento se sostenía que la formación teórica era consustancial a la universidad. Si bien se está de acuerdo con esta posición, se considera que hoy en día es fundamental diferenciar una formación epistemológica de una teórica. Para tal propósito, nos basaremos en los aportes de Zemelman sobre este tópico.

"El desplazamiento de la problemática de la totalidad del plano óptico al epistemológico equivale a la cuestión básica de convertir el qué pensar en el cómo pensar sobre la realidad. Esto plantea cuestionamientos como los siguientes: ¿la capacidad de conocer es equivalente a la capacidad de romper con los límites teóricos dados?; ¿la capacidad de romper equivale a una mayor 'autonomía de la

---

23 Cuando hablo de cierre inicial, me estoy refiriendo a un momento de cierre conceptual en el contexto de un discurso más bien de apertura, como es el que se realiza en este trabajo. Estoy manejando las nociones cierre y apertura de acuerdo a Zemelman (1987a; 1987b).

razón' como capacidad de apertura y reactuación consciente?; ¿la conciencia teórica se confunde con esta conciencia de apertura y de ubicación histórica? Se puede responder afirmativamente siempre que la teoría como adecuación a lo real se conciba subordinada a una exigencia de problematización que no ha estado presente en la razón teórica; por el contrario, ha tendido la razón teórica a encerrarse en estructuras cristalizadas, en vez de objetivarse con base en su propia capacidad crítica de problematización (y enriquecer por consiguiente, el campo de la experiencia y de los horizontes sociohistóricos en que se desenvuelve la actividad de pensar)"(1987a:47).

De acuerdo a lo anterior, si bien estamos de acuerdo en la *importancia de una formación teórica*, consideramos que en los currícula universitarios, se tiene que ir más allá de ésta; es decir, al análisis de la estructuración categorial que da origen o permite la construcción teórica. Por lo tanto, pensamos que es fundamental conceptualizar de acuerdo a sus particularidades a la formación epistemológica y a la formación teórica para poder distinguirlas.

"De esta distinción concluimos que hay que dar preeminencia a la lógica de construcción y uso de categorías por sobre el manejo de conceptos teóricos en sentido estricto"(Zemelman, 1987a:33).

Algunos aspectos centrales que hoy en día nos obligan a este tipo de diferenciación son los siguientes:

a) La grave crisis ambiental que hoy se vive se sustenta en gran medida en la noción, dominante en el mundo moderno, de conocimiento, de ciencia. En esta noción se sostiene la importancia del dominio y el control de la naturaleza. Se ha podido constatar que esta postura frente a la naturaleza ha coadyuvado a su destrucción. Cuando se habla de la incorporación de la educación ambiental en los currícula educativos y se señala que esta incorpo-

En el contexto de tal polémica consideramos, tanto que la práctica profesional se define en el mercado de trabajo, como que es importante que en la estructura curricular se cuente con un espacio que recupere los aspectos de las prácticas profesionales, principalmente de las emergentes, ya que este tipo de formación implica una vinculación significativa del estudiante con las posibles prácticas que va a desarrollar cuando concluya su carrera universitaria.

Como lo señalamos en el primer punto de este apartado, el problema del *espacio de la determinación de la práctica profesional* se encuentra en el centro de esta polémica. Al respecto cabe señalar:

"La determinación (…) —un proceso de límites y presiones complejo e interrelacionado— se halla en el propio proceso social complejo en su totalidad, y en ningún otro sitio; no en un abstracto 'modo de producción' ni en una 'psicología' abstracta. Toda abstracción del determinismo basada en el aislamiento de categorías autónomas, que son consideradas categorías predominantes o que pueden utilizarse con el carácter de predicciones, es en consecuencia una mistificación de los determinismos siempre específicos y asociados que constitu-yen el verdadero proceso social: una experiencia histórica activa y conciente así como, por descuido, una experiencia histórica pasiva y objetivada" (Williams, 1977:107).

A partir de la noción de determinación de Williams, pensamos que es posible revisar la polémica señalada, de tal forma que se supere recuperando la riqueza más significativa de cada una de sus partes oponentes. Esto es, que se reconozca la importancia, necesidad, significatividad y, autonomía relativa de una forma-ción teórica universitaria (y desde nuestro punto de vista de una formación epistemológica y crítico-social), al mismo tiempo que se reconozca la importancia de asumir ciertos contenidos que provienen del mercado de trabajo, de la práctica profesional, en el proceso de determinación curricular, así como, en última instancia, el reconocimiento de la potencialidad que se encuentra en la formación universitaria para coadyuvar a la determinación de ciertos aspectos de la práctica profesional.

En esta línea, queremos señalar los siguientes aspectos:

a) Es importante conceptualizar la práctica de tal manera que se recupere en su relación con la teoría, en la medida en que la teoría potencia a la práctica.

b) Es importante recuperar en los currícula universitarios los aspectos de direccionalidad de la práctica profesional que apunten a la conformación de un proyecto político-social amplio y viable para el siglo XXI, concibiendo la práctica profesional no de manera aislada, sino como práctica social, esto es, en su vinculación con los procesos sociales más significativos que actualmente se están desarrollando en ese sentido, como lo son el movimiento de democratización de los países socialistas, los movimientos de liberación nacional, la atención que se está otorgando al medio ambiente, la lucha de las minorías étnicas en distintos países del mundo, las luchas de las mujeres y el incipiente pero importantísimo desarme nuclear (entre los más importantes).

Los aspectos generales enunciados se constituyen en el marco en el cual pueden incorporarse elementos curriculares particulares de las prácticas profesionales. Para lo cual se requiere también de un espacio curricular abierto que, a la vez que permita esta incorporación, pueda funcionar como espacio curricular de educación permanente.

Para quienes cursan una carrera, esta CCEC podría manejarse a través de conjuntos articulados de elementos curriculares optativos (asignaturas optativas, por ejemplo) que permitan cierto grado de especialización. Para quienes ya desarrollan se mostró para mí al reconocer a un autor latinoamericano de primer orden, Paulo Freire.

A partir de esta situación consideré importante intentar el establecimiento de un vínculo más directo con él debido a que con este reconocimiento, proponiéndoselo o no, había ya volteado su mirada hacia América Latina.

Una vez expresadas estas dos cuestiones, advertimos que el desarrollo temático de este apartado se refiere a las coincidencias que, desde nuestro punto de vista, existen entre el pensamiento crítico que se ha desarrollado en México en las últimas dos décadas y la pedagogía radical de Henry Giroux y Peter McLaren.

Cabe aclarar que cuando habló de México, como lo manifesté en la segunda parte de este volumen al referirme al mito del currículum y en otros trabajos, me estoy refiriendo al país más como una sede geopolítica que de manera exclusivamente nacionalista, en la medida en que en él, en las últimas dos décadas, se han dado las condiciones de posibilidad para reflexionar sobre la educación. Esto es, en México han convergido destacados educadores latinoamericanos que, debido a los golpes militares en sus países, fueron recibidos como exiliados políticos. Educadores mexicanos, junto con estos educadores latinoamericanos, hemos intentado desarrollar un pensamiento crítico que nos permita, tanto comprender mejor nuestra compleja realidad educativa, como comprometernos con ella para su transformación[25].

---

25 Esta situación de alguna manera ha empezado a ser reconocida en países como Argentina. A ella hace alusión una parte del prólogo que Graciela María Carbone hace a la reciente edición argentina de un volumen de Gimeno Sacristán (1986): las *"condiciones obstructoras para la producción y difusión de ideas no impidieron, sin embargo, que los representantes de los enfoques críticos persistieran tenazmente en su desarrollo. Si bien en forma discontinua y con escasas oportunidades de difusión en nuestro país, otras naciones latinoamericanas contaron con genuinos representantes de un pensamiento crítico: Díaz Barriga y De Alba en México, Saviani y Lillaneo en Brasil, entre otros, testimoniaron la vigencia de este pensamiento"*.

- **Por qué hablar de coincidencias**. La nueva sociología de la educación, la denominada en algún momento tendencia reconceptualista, y la pedagogía crítica y radical sólo se han empezado a conocer de manera decidida en México en los últimos años. Esto, debido a múltiples factores, de entre los cuales se destaca la dificultad que hemos tenido para obtener con celeridad la producción que se hace en otros países. Entre otras razones, por la crisis económica, que ha afectado el flujo editorial hacia México, así como el prolongado tiempo que transcurre entre la aparición de la primera edición en inglés y la versión en español.

  En nuestros primeros contactos con estos autores encontramos con sorpresa que si bien algunos de sus planteamientos eran novedosos para nosotros, lo que prevalecía en ellos eran ciertas coincidencias centrales. Así nuestro interés inicial se centró en indagar el porqué de tales coincidencias y la clarificación de las mismas. En el momento actual las cosas empiezan a cambiar, en la medida en que hemos empezado a profundizar nuestro conocimiento, específicamente sobre el pensamiento de Giroux y McLaren. Considero que si esta tendencia continúa desarrollándose es previsible un impacto más directo de las ideas de estos autores en nuestro propio pensamiento.

  Cabe aclarar que, evidentemente, existen diferencias importantes entre el pensamiento crítico que se ha gestado y desarrollado en México y la pedagogía radical de Giroux y McLaren; sin embargo, en esta ocasión no me referiré a tales diferencias. Los límites del trabajo se ubican en el plano de un señalamiento general de algunas coincidencias centrales entre ambos pensamientos.

- **Coincidencias centrales**. La clave de este pensamiento coincidente la hemos encontrado hasta el momento en dos aspectos básicos: un fuerte y decidido *interés emancipatorio* y el manejo de *fuentes teóricas comunes*. De manera específica hemos detectado también algunas críticas e inquietudes similares.

- **Interés emancipatorio y compromiso político**. Si bien es cierto que los pueblos latinoamericanos hemos sufrido desde nuestro origen mismo el yugo de la dominación colonial e imperialista, cierto es también nuestro constante esfuerzo por la liberación en todos los ámbitos de la vida humana. Podríamos afirmar que cada vez más tenemos una dolorosa conciencia de nuestra situación y nos comprometemos con la férrea convicción de un futuro mejor. Como lo señala Galeano:

"No asistimos en estas tierras a la infancia salvaje del capitalismo, sino a su cruenta decrepitud. El subdesarrollo de América Latina proviene del desarrollo ajeno y continúa alimentándolo. Impotente por su función de servidumbre internacional, moribundo desde que nació, el sistema tiene pies de barro. Se postula a sí mismo como destino y quiere confundirse con la eternidad. Toda memoria es subversiva, porque es diferente, y también todo proyecto de futuro. (…) El sistema encuentra su paradigma en la inmutable sociedad de las hormigas. Por eso se lleva mal con la historia de los hombres, por lo mucho que cambia. Y porque en la historia de los hombres cada acto de destrucción encuentra su respuesta, tarde o temprano, en un acto de creación" (1971:470)[26].

El interés emancipatorio en uno de los puntos coincidentes más significativos que encontramos entre el pensamiento crítico que se ha desarrollado en México y la pedagogía radical de Giroux

---

26 Es inevitable señalar que ésta es una obra obligada para todo aquel que quiera acercarse a América Latina. La cita que se presenta corresponde al epílogo realizado por el autor en 1978, intitulado "Siete años después". La edición consultada fue la 29 (1980), debido al sistema de citas y al de organización de la bibliografía que se trabaja en este volumen, se consigna siempre la primera edición al inicio de la referencia y en el lugar correspondiente se indica el año del volumen consultado.

y McLaren. Este interés emancipatorio ha estado presente en todo el proceso de conformación del discurso crítico en México, desde su génesis hasta el momento actual. Se vincula de manera prioritaria con dos cuestiones:

- La franca oposición a la imposición de modelos y formas de pensamiento en el terreno de la educación; en este sentido, a la imposición hegemónica e imperialista[27].
- El interés por construir un pensamiento educativo latino-americano[28].

Este interés emancipatorio puede comprenderse a la luz de los movimientos sociales amplios que se han desarrollado en México. Destacan, por un lado, el movimiento estudiantil del '68 y la emergencia de la sociedad civil a raíz del sismo de 1985.

Algunas de las expresiones y experiencias más importantes en relación a este interés emancipatorio han sido:

- **El proyecto de la universidad crítica, democrática y popular, la universidad-pueblo.** Si bien es cierto que hoy en día se está haciendo una severa crítica y autocrítica a estas universidades, principalmente por sus concepciones marxistas ortodoxas y dogmáticas, es necesario reconocer su importancia en cuanto a su decidido interés emancipatorio y compromiso político con las grandes mayorías del país, el cual se tradujo en la puesta en marcha de clínicas, hospitales, despachos jurídicos y otros servicios que estas universidades

---

27 Un trabajo central en este línea es *Imperialismo y educación en América Latina* (1980) de Adriana Puiggrós.

28 En esta línea es significativa la dedicatoria que Díaz Barriga (1984) hace de su Didáctica y currículum: *"A todos aquellos que luchan por construir un pensamiento pedagógico latinoamericano, desde el cual se explique nuestro acontecer educativo. A quienes nos han antecedido en este pensamiento. A los que trabajan por el mañana de América Latina y que buscan en una realidad diferente, una pedagogía nuestra"*.

han brindado al pueblo a través del concepto de servicio, más que el de extensión o difusión. Es importante señalar la fuerte escala represiva que tales universidades han recibido por parte del gobierno a través del retardo y disminución del subsidio financiero.

- **El proyecto de formación de profesores del Centro de Investigaciones y Servicios Educativos (CISE) de la UNAM**. El CISE fue sin duda, a nivel universitario, el centro de formación docente que realizó una labor más importante en cuanto a la creación de un discurso contestatario del tecnologicista y a la producción inicial de un discurso de corte crítico. Se pensó inicialmente este centro como un multiplicador de la tendencia técnica; sin embargo, desde sus inicios se destacó por el espíritu crítico de sus jóvenes investigadores. En el CISE se analizaron los aportes de educadores latinoamericanos como Freire, Susana Barco, Guillermo García, y Vasconi, entre otros; se estudiaron los nuevos aportes en el terreno de la educación provenientes de Europa principalmente; se criticó arduamente el pensamiento norteamericano de corte tecnologista (que era el único pensamiento norteamericano que conocíamos en aquella época, década de los setentas), y fundamentalmente se generó una importante tendencia en el campo de la formación docente que, aún hoy en día, está permeando a nuestras instituciones universitarias. En la génesis de tal tendencia fueron básicos los aportes de María Esther Aguirre Lora, Teresa Wuest Silva, Martiniano Arredondo, Martha Uribe, Rafael Santoyo, Graciela Pérez Rivera y Ángel Díaz Barriga[29]. Cabe señalar que

---

29 Uno de los primeros documentos que se produjeron en la búsqueda de un marco conceptual para comprender la complejidad de la docencia fue el de *Notas para un Modelo de docencia* (Arredondo, 1979).

esta experiencia también ha sido objeto de fuertes críticas y autocríticas.

- **El proyecto UAM-Xochimilco**. El proyecto de la Universidad Autónoma Metropolitana (UAM), Unidad Xochimilco, fue uno de los proyectos innovadores más importantes que se desarrollaron en México en la década de los setentas. Se destaca por haber realizado una conceptualización específica sobre lo curricular (Guevara Niebla, 1976).

Dicho proyecto, con base en un sistema de enseñanza modular, elaboró el currículum de cada una de las profesiones en función de objetos de transformación[30]. El propósito era vincular el ejercicio profesional con las necesidades sociales de las grandes mayorías y con el desarrollo del país.

- **Los aportes de la UAM-Azcapozalco**. La Universidad Metropolitana (UAM), Unidad Azcapozalco, se destacó por su trabajo de corte crítico y propositivo. En la UAM-Azcapozalco se llevó a cabo un importante evento sobre alternativas universitarias (1979) al cual asistieron destacados educadores latinoamericanos y algunos europeos. En el campo del currículum tuvo singular relevancia el trabajo que se realizó sobre planes de estudio (Follari-Berruezo, 1981), así como algunos de los trabajos posteriores de Follari sobre los aspectos ideológicos de la interdisciplinariedad, y el currículum como práctica social.

- **Los aportes de la ENEP-Iztacala.** La ENEP-Iztacala fue otro de los centros en los que se empezó a desarrollar un discurso contestatario a la tecnología educativa; su producción

---

30 La noción de objetivos de transformación ha sufrido constantes precisiones y redifiniciones. A grandes rasgos se refiere a un objeto de la realidad que se pretende transformar a través de la práctica profesional.

más significativa se encuentra en un volumen colectivo sobre aportes en el campo de la didáctica de la educación superior (Furlán, 1979).

- **Los aportes de la ENEP-Zaragoza**. En la ENEP-Zaragoza también se empezó a desarrollar un discurso contestatario a la tecnología educativa. La ENEP-Zaragoza se caracterizó por el trabajo conjunto entre profesores, estudiantes, autoridades y asesores pedagógicos. Se destacó por los estudios en materia de reestructuración y evaluación curricular.

- **La investigación en el Colegio de Pedagogía de la UNAM**. La investigación realizada en el Colegio de Pedagogía de la UNAM se llevó a cabo principalmente en el campo de la didáctica (Azucena Rodríguez), del psicoanálisis (Mirtha Bicceci) y de la sociología de la educación (Adriana Puiggrós).

- **El Autogobierno de Arquitectura de la UNAM.** La experiencia del autogobierno en la UNAM ha sido muy importante en la medida en que se ha vinculado con proyectos populares. Hoy en día, como los demás proyectos educativos y específicamente curriculares, el autogobierno enfrenta severas críticas y autocríticas.

- **Breve acotación sobre la crisis de los proyectos alternativos, radicales y críticos en México.** Como habrá podido advertirse hasta este momento, los proyectos alternativos, radicales y críticos en México, específicamente en el campo de la educación superior, pero no sólo en él, se encuentran en un momento de crítica y autocrítica.

Éste es un aspecto que requiere de un análisis acucioso y particular al que no me referiré en este momento. Al respecto sólo deseo señalar que en este proceso de desgaste, de crítica y de autocrítica están influyendo de manera determinante dos cuestiones centrales: la crisis económica que cada vez se agudiza más en el país y la crisis de los paradigmas marxistas ortodoxos y dogmáticos que guiaron muchas de las experiencias críticas y radicales en las dos últimas décadas (setentas y ochentas).

La crisis económica ha favorecido el surgimiento de un discurso de corte neoliberal, cada vez con mayores tintes de neoconservadurismo, en el cual se ataca severamente a la universidad pública. El análisis de este discurso y el señalamiento de la necesidad de un nuevo discurso educativo que responda a los intereses de los sectores progresistas de la sociedad ha empezado a trabajarse por Ángel Díaz Barriga y por mí misma, entre otros. Considero que el análisis crítico del discurso neoliberal-neoconservador y la importancia de la escuela como institución pública son algunos de los puntos de mayor potencialidad en el pensamiento de Giroux y de McLaren, en cuanto a llegar a tener una fuerte influencia en el pensamiento de los educadores mexicanos y latinoamericanos en general.

En cuanto a la crisis de los paradigmas marxistas ortodoxos y dogmáticos, es un asunto que se vive en el mundo en general y que pareciera que hoy en día cobra vigencia con la crisis misma de los países socialistas. Un punto neurálgico en esto es que hoy en día los discursos críticos son vistos en general con cierta desconfianza; considero que esto se ubica en una problemática más amplia que se encuentra en el contexto mundial y afecta al pensamiento educativo y al campo del currículum. Me refiero a la situación límite que vive hoy la humanidad (signada por la amenaza nuclear y la gravedad del problema ambiental) y la ausencia de utopías sociales ambiciosas que prometan la resolución de los graves problemas que hoy vivimos. Sin embargo, como lo anoté, esta situación requiere de un análisis acucioso; éstos son sólo dos aspectos que he querido destacar.

- **Fuentes teóricas comunes**. En este punto mi pretensión es señalar sólo algunas de las fuentes teóricas comunes más significativas, de ninguna manera pretendo realizar una exposición exhaustiva.

  En un primer momento, estudiamos en México a los teóricos de la reproducción: Bourdieu, Althusser, Baudelot y Establet, y Bowles y Gintis. Estos aportes nos fueron muy útiles en la medida en que nos ayudaron a comprender que la educación se vincula de manera inextricable con los proyectos político-sociales amplios que se desarrollan en la sociedad global; sin embargo, este pensamiento empieza a ser objeto de cuestionamiento en México; esto, vinculado con la crítica a los paradigmas marxistas ortodoxos y a la lectura crítica de autores marxistas y neomarxistas. Quizás el trabajo más representativo en cuanto a críticas específicas a teóricos de la reproducción sea el de Adriana Puiggrós (1980-1981). En la conformación de un pensamiento crítico hemos encontrado, entre las más significativas, las siguientes coincidencias en cuanto a fuentes teóricas.

- **El pensamiento de Freire**. Como lo ha dicho Guevara Niebla[31], Freire es el más grande educador que ha tenido América Latina en los últimos tiempos. Su pensamiento es bien conocido en México y, desde luego, ha sido uno de los pilares en la conformación de un pensamiento crítico. En los últimos años, en el ambiente más de corte académico, Freire ha dejado de ocupar un lugar central. Cabría preguntarnos si esto se debe a la crisis aludida de los proyectos alternativos y críticos; sin embargo, éste es un asunto que no se ha analizado[32].

---

31 Charla informal con Guevara Niebla, marzo 1989.
32 Edgar González Gaudiano y yo misma nos hemos dado a la tarea de iniciar una reflexión sobre este tópico.

- **El pensamiento de Gramsci**. Gramsci ha sido uno de los autores que más han contribuido en la conformación de un pensamiento de corte crítico para comprender la problemática educativa en México y en otros países de América Latina. Su pensamiento ha sido fundamental para superar una visión de corte economicista-determinista.

- **Escuela de Frankfort**. Los autores de la Escuela de Frankfort han sido también pilares importantes en la conformación de un pensamiento crítico en México, principalmente Adorno, en un primer momento, y Habermas, posteriormente[33].

- **El pensamiento de Raymond Williams**. En Raymond Williams lo que se apunta en el pensamiento de Gramsci, en cuanto a conformación cultural y papel de la cultura en la vida social, adquiere un sorprendente desarrollo. El pensamiento de Williams ha empezado a ser conocido en el campo de la educación hace algunos escasos años, aunque se pueden encontrar interesantes coincidencias. De ellas lo que más me ha sorprendido es en cuanto al manejo de la noción de práctica profesional que se desarrolló en la UAM-Xochimilco (Guevara Niebla, 1976); en algún momento llegué a pensar que existía una influencia directa de Williams; sin embargo, se trata más de una coincidencia de pensamientos afines, que de una influencia directa[34].

- **Lectura crítica de autores postmodernistas**. En los últimos años hemos iniciado el análisis de algunos autores postmo-

---

33 En México quienes empezaron a trabajar de manera decidida a estos autores fueron Puiggrós, Follari y Hoyos Medina; posteriormente han sido trabajados por, entre otros, Díaz Barriga y por mí misma.

34 Gilberto Guevara Niebla me comentó de su plática con Raymond Williams sobre este asunto, dado que él mismo advirtió esta coincidencia. Charla informal con Guevara Niebla, marzo 1989.

dernos y, de alguna manera, los hemos empezado a incorporar, *de manera crítica*, en nuestros propio pensamiento.

- **Los aportes del psicoanálisis y la psicología social**. Ha estado en el centro de nuestras preocupaciones articular una crítica social amplia con una crítica que se centre en las intervención humana, en el sujeto, en todos sus aspectos y dimensiones. En relación a esta preocupación hemos encontrado aportes significativos en la lectura misma de Freud y de algunos otros prominentes psicoanalistas como Lacan. Los aportes de la psicología de grupos y la psicología social también han sido fundamentales, destacan autores como Pichon Rivière, Bauleo y De Brassi, entre otros.

- **La importancia de una crítica desconstructiva**. Uno de los autores que más nos han impactado en este sentido es Derrida. Sin embargo, en este aspecto estamos de acuerdo con McLaren, en el peligro de posiciones como ésta en cuanto a retrotraerse hacia el código dejando de lado la problemática del compromiso político que implica toda práctica social, y en este contexto la práctica educativa.

- **Críticas e inquietudes similares**. Si bien acabamos de señalar algunas fuentes teóricas comunes, es importante puntualizar algunos de los aspectos en los que hemos encontrado críticas e inquietudes similares. Cabe aclarar que de ninguna manera pretendo realizar un parangón absoluto entre el pensamiento crítico desarrollado en México y la pedagogía radical de Giroux-McLaren. Mi pretensión se ciñe a señalar algunos puntos de coincidencia entre ambos pensamientos.

- **Las críticas a las teorías de la reproducción**. Puiggrós afirma sobre las teorías de la reproducción, y refiriéndose específicamente a Althusser, Baudelot y Establet:

"En la década de 1960, las miradas de los escasos marxistas se volvieron hacia las nuevas teorías europeas y muchos de ellos consideraron en ese sentido a Louis Althusser y algunos de sus discípulos como Christian Baudelot y Roger Establet y otros filósofos y pedagogos franceses, como el marco teórico adecuado para realizar análisis específicos sobre la problemática latinoamericana. En los últimos años, sin embargo, la tendencia mencionada ha mostrado su insuficiencia para la comprensión de nuestros problemas educativos y muchas veces su carácter deformador de los mismos. La crítica se hace, por lo tanto, indispensable..." (1981:280).

Puiggrós tiene claridad en cuanto a la imposibilidad de pensar en alternativas pedagógicas que respondan a nuestros complejos problemas educativos si se persiste en una concepción reproduccionista de la educación, y reconoce la existencia de un pensamiento crítico en América Latina.

"A condición de que no supongamos que educadores y educandos transitan intelectualmente tan sólo el ámbito de la ideología dominante (o sea, a condición de que renunciemos a considerar que la ideología dominante cubre todo el campo de lo ideológico) descubriremos que toda aquella teoría pedagógica que no expresa los vínculos reales entre los hombres, ni la totalidad de esos vínculos, ni su orden ideológico, ni su direccionalidad política, sino relaciones imaginarias (también en el ámbito educativo; es decir, las relaciones educativas) enfrenta una pedagogía crítica que ha tenido mayor o menor desarrollo en diferentes momentos de la lucha de clases"(1981:2983).

Además de la crítica específica formulada por Puiggrós cabe señalar que en el pensamiento crítico que se ha desarrollado en México y en otros países latinoamericanos existe un sustento crítico en cuanto a las teorías reproduccionistas que está presente prácticamente en todas las expresiones y las experiencias a las que nos referimos en el punto anterior.

- **El interés por comprender los movimientos y las expresiones de resistencia en el campo de la educación**. Aunado a la crítica que se ha desarrollado en torno a las teorías reproduccionistas se ha observado un interés particular por comprender los movimientos y las expresiones de resistencia en el campo de la educación. Para ello han sido fundamentales los conceptos de autonomía relativa, hegemonía y determinación. Pero lo más importante ha sido nuestra larga y compleja historia de resistencia, a veces armada, las más de las veces cultural, en contra del pensamiento y el poder políticos que se erigen ante nosotros constantemente como dominantes.

  En mi caso particular cabe señalar que tuve un profundo acercamiento a las concepciones de resistencia en el campo de la educación, y del currículum particularmente a través de mi participación en el proyecto de educación indígena bilingüe-bicultural. Mucho les debo, en cuanto a la posibilidad de comprender la importancia de la resistencia, de la lengua, la cultura y la historia en la educación, a los colegas antropólogos, lingüistas y pedagogos con los que tuve la oportunidad de trabajar en esta experiencia (1984-1987). Pero sobre todo les debo a los maestros indígenas, a los niños y a los demás miembros de las comunidades tlapanecas[35] que me dieron la oportunidad de acercarme a su orgullo étnico y a su callada y prolongada lucha de resistencia cultural.

- **Crítica a los fundamentos espistemológicos y teóricos de las interpretaciones tecnologicistas**. Éste es un aspecto fuertemente arraigado en el pensamiento crítico

---

35 En el ciclo escolar 1985-6 tuve la oportunidad de participar en una investigación que se realizó, entre otras zonas, en la de Montala del estado de Guerrero, ahí pude convivir con miembros de comunidades tlapanecas. Los tlapanecos son uno de los 56 grupos indígenas que viven actualmente en México.

latinoamericano. En México lo podemos constatar, entre otros, en la obra de Díaz Barriga[36], *Didáctica y currículum* (1984a), *Ensayos sobre la problemática curricular* (1984b); en el pensamiento de Follari (1982); González Gaudiano (1982), De Alba (1985), Hoyos Medina (1983). Un trabajo colectivo en esta línea es *Tecnología educativa*, en el cual se encuentran aportes importantes de autores mexicanos y latinoamericanos residentes en México (De Alba, Díaz Barriga, Follari, Kuri, Remedi, Azucena Rodríguez, Eufrosina Rodríguez y Zapata).

- **Inquietud por historizar el campo**. Uno de los aspectos que más nos han enriquecido en los últimos años son los estudios que se han desarrollado para historizar el desarrollo del campo del currículum tanto en los Estados Unidos como en México. González Gaudiano inicia este trabajo entre 1979 y 1980 en la ENEP-Zaragoza. Uno de los trabajos más completos en esta línea, dedicado a la historización del campo en los Estados Unidos, es el realizado por Pasillas (1985).

- **Énfasis en el carácter social y político de la educación**. Importancia de la ideología y la cultura. La preocupación por el carácter social y político de la educación ha estado presente también en el pensamiento crítico desarrollado en México. Destacan, entre otros, los trabajos de Puiggrós, Guevara Niebla, Follari y González Gaudiano.

- **Importancia del lenguaje y la cultura en el campo del currículum**. Considero que es a través del proyecto curricular para la educación indígena bilingüe-bicultural, que

---

36 Ángel Díaz Barriga inicia su carrera en el CISE, ha mantenido hasta el momento actual una sólida y constante producción conceptual. Como ya lo hemos mencionado, sus dos primeros libros (1984a; 1984b) pueden considerarse ya como clásicos, han sido reeditados en múltiples ocasiones y son leídos en gran parte de los países latinoamericanos.

empieza a cobrar en México un nuevo sentido la importancia del lenguaje y la cultura (González Gaudiano-De Alba, 1986; Varese, 1985). Lenguaje y cultura son tópicos que han sido plenamente incorporados en el pensamiento curricular que se ha desarrollado en torno a la educación superior.

• **Ausencia de utopía en el momento actual, necesidad de un compromiso político**. Otro aspecto importante en cuanto a coincidencias con el pensamiento de Giroux-McLaren es el reconocimiento de una ausencia de utopía social (De Alba) en el momento actual; así como la importancia de asumir la necesidad de manifestar un compromiso político en el marco del pensamiento crítico, que se traduce, entre otras cuestiones, en la explicitación del vínculo entre proyecto educativo y proyecto político social amplio. Asunto que sabemos complejo por la misma carencia de utopía y la emergencia del pensamiento postmoderno, el cual hace una negación de la historia y de la importancia de la postulación de un proyecto político social amplio.

• **Problemática del poder en el campo del currículum**. La problemática del poder es central en nuestros intereses en cuanto a comprender la complejidad del currículum. Entre otros autores, destaca Foucault para abordar este tópico[37].

• **Investigación de corte etnográfico**. La investigación de corte etnográfico ha empezado a incorporarse en México. Actualmente pueden distinguirse *grosso modo* dos tendencias: la que se centra en la dinámica institucional (análisis microso-

---

37 Particularmente tengo algunos problemas con el concepto de poder que maneja y desarrolla Foucault, ya que si bien se encarga de mostrar cómo el poder se encuentra en y es parte ineludible del tejido social, en algunos momentos tiende a desvanecer la problemática de la dominación.

ciales) y la que intenta el análisis de las interrelaciones entre aspectos micro-sociales y macrosociales.

- **Incorporación crítica de autores postmodernos**. En los últimos años hemos empezado a incorporar, de manera crítica, el pensamiento de algunos teóricos postmodernos como Lyotard. Sin embargo, es importante señalar que tal incorporación aún se encuentra en un momento primario.

- **Importancia de manejar una teoría del sujeto**. Otro aspecto central en nuestro pensamiento que consideramos coincidente con el de la pedagogía radical es la importancia de incorporar una teoría del sujeto que nos permita comprender y trabajar teórica y prácticamente *la importancia de la intervención humana*. Algunos trabajos recientes se han dedicado específicamente a este aspecto, pero existe como una inquietud en todo el pensamiento crítico desarrollado en México.

- **Consideraciones finales**. Actualmente se vive en México una difícil situación en cuanto a las experiencias alternativas y al pensamiento de corte crítico. Un aspecto nodal desde nuestro punto de vista es incorporar de *manera crítica*[38] todo discurso progresista y radical, ya que, como lo hemos señalado, se ha generado un mito al incorporar de manera poco significativa y mecánica el discurso progresista producido en México. Nos estamos refiriendo al uso lineal y superficial de paradigmas conceptuales críticos, que hemos observado en amplios sectores de maestros, autoridades y estudiantes (principalmente de carreras dedicadas a la educación). Consideramos que uno de los aspectos que contribuyen a este manejo superficial y acrítico de las teorías se encuentra en la formación misma de los amplios sectores de profesionales

---

38 En términos de Zemelman, nos estamos refiriendo al uso crítico de la teoría (1987a; 1987b).

dedicados a la educación. Ya señalamos en la segunda parte de este volumen la importancia de asumir la necesidad de avanzar en términos formativos. Un asunto importante en esta línea es el manejo del lenguaje. Al respecto, estamos de acuerdo con Giroux en cuanto a que:

"El idioma nuevo puede ser difícil, pero es necesario, porque capacita a los usuarios para desarrollar nuevas clases de relaciones en el campo del currículo y para plantear diferentes tipos de preguntas (...) el punto real de interés debiera ser si el lenguaje y los conceptos utilizados están generando preguntas y temas profundamente importantes acerca del campo del currículo mismo"(1979:10).

Vinculado con lo anterior se observa un sensible desarrollo del campo de la investigación educativa en México, de tal forma que hoy en día han aumentado las exigencias para ingresar y permanecer en él. Esta situación tiene múltiples implicaciones; nos interesa destacar la posibilidad que propicia en cuanto a establecer comunicación con educadores progresistas, que trabajan de manera sistemática y rigurosa en la línea de comprender mejor la problemática educativa que hoy vivimos, así como de generar propuestas educativas significativas y viables.

Por último, considero que el pensamiento de Giroux y el de McLaren, así como el de otros educadores progresistas y críticos, tiene fuertes posibilidades de impactar e influir en el pensamiento de los educadores progresistas mexicanos, si bien es importante tener presente la difícil situación que enfrentan hoy en día este tipo de propuestas.

4. La problemática del carácter político de los currícula universitarios en México ante los retos del siglo XXI

Ante los retos del siglo XXI la educación superior en México y en el mundo en general se encuentra frente a un panorama francamente difícil y, desde ciertas perspectivas, hasta desolador, como puede advertirse en el segundo apartado de la tercera parte de este volumen.

Los tiempos del optimismo han quedado atrás y se vive más en un momento de pesimismo e indiferencia, aunque es cierto que empiezan a expresarse ciertos visos de esperanza.

Radicalmente distinto parece este fin de siglo en relación al anterior.

A fines del siglo XIX el mundo veía la llegada del siglo XX como la posibilidad de llevar al terreno de la práctica, del devenir histórico, proyectos político-sociales ambiciosos, en cierto sentido opuestos y contradictorios, pero imbricados históricamente a través de su misma base: el modo de producción industrializado, ya sea que se contemplase desde una perspectiva político-social capitalista o socialista-comunista.

Se visualizaba al progreso como una posibilidad de resolución de todos los problemas del hombre y del logro de mejores condiciones de vida. La producción, la productividad, la eficiencia, fueron ideas que lograron cobrar vida en el transcurrir del presente siglo.

Se sustentaba también el gran proyecto de socialismo internacional, del gobierno obrero, inspiración de las grandes revoluciones socialistas del presente siglo.

Ambos proyectos, utópicos pero bien perfilados en las postrimerías del siglo XIX, tuvieron su posibilidad histórica en el siglo XX.

Y es en el siglo XX en donde el hambre ha alcanzado sin duda un desarrollo sin precedente, las transformaciones se han vivido a un ritmo acelerado y los avances de la ciencia y la tecnología bien podrían parecer cosa mágica, imaginados en otras épocas históricas.

Sin embargo, es también en este siglo en el cual el hombre se encuentra ante problemas inéditos que potencialmente ponen en peligro su existencia misma: el grave deterioro ambiental que se está sufriendo, y la sorda y constante amenaza de una conflagración nuclear. La utopía de la sociedad del ocio, como lo hemos señalado, ha empezado a ser seriamente considerada por algunos sectores en los países del Primer Mundo, no así para los nuestros.

Más allá de esta utopía de la sociedad del ocio la humanidad, impactada por esta situación límite e inédita (armamentismo y crisis ecológica), además de los graves problemas que aún hoy se presentan, específicamente el de la desigualdad social e inequitativo reparto de la riqueza, se enfrenta a una situación más de pesimismo e indiferencia, en los términos que Kant la definió en las postrimerías del siglo XVIII y Lyotard en las de éste. Esto es, para Kant la indiferencia es:

"Un fenómeno (Phänomen) digno de observación y de reflexión (Nachsinnen). La indiferencia no es evidentemente efecto de la ligereza (des Leichtsinns), sino de una facultad de juzgar (…) es una invitación a la razón para que emprenda de nuevo la más difícil de todas sus tareas, la del conocimiento y comprensión de uno mismo (Selbstverständnis)"(KPR:5-7; Lyotard, 1986:30).

Lyotard a su vez señala:

"El estado de indiferencia libera y madura la fuerza de decidir, es decir, la fuerza que para el pensamiento es la fuerza de juzgarse" (Lyotard, 1986:31).

Teniendo en mente esta reflexión sobre la ausencia de utopías, esto es, de proyectos políticos-sociales amplios y ambiciosos como los que pueden observarse en el pensamiento decimonónico, y apuntando este estado de indiferencia o vacío de valores que pareciera caracterizar las postrimerías del presente siglo, aún insisto con los visos de esperanza que se vislumbran, principalmente en los países subdesarrollados dependientes, pobres.

Intentaré exponer algunas reflexiones de carácter general sobre los currícula universitarios en su vinculación con esta situación social, cultural, política y económica que de diversas maneras atraviesa al mundo en su totalidad.

Destaco, del concepto de currículum desarrollado en este volumen, el que se lo considere como una propuesta político-educativa conformada por la síntesis de elementos culturales (conocimientos, valores, costumbres, creencias, hábitos), propuesta pensada e impulsada por distintos grupos y sectores sociales cuyos intereses son diversos y contradictorios, aunque algunos de éstos tiendan a ser dominantes, hegemónicos, y otros tiendan a oponerse a tal dominación y hegemonía; síntesis a la cual se arriba a través de múltiples mecanismos de negociación e imposición social. Anotemos dos cuestiones:

1) En la concepción de currículum de la cual se parte se afirma que éste es una propuesta político-educativa.
2) En las líneas anteriores y en otras partes del trabajo me he referido a una ausencia de proyectos político-sociales amplios a finales de este siglo, así como a una indiferencia social ante esto y a ciertos visos de esperanza.

De tal forma, puede afirmarse que uno de los problemas centrales que se enfrentan hoy en día en el campo del currículum es el de aclarar y explicitar la vinculación de los currícula universitarios con determinado o determinados proyectos político-sociales. Afirmar que tales currícula tienen que transformarse de acuerdo a las necesidades que está marcando el cambio en las formas de producción correspondientes a la tercera revolución industrial es una cuestión que permanece en un nivel de generalidad e indefinición mientras no se analice de manera particular y concreta su relación con los proyectos político-sociales que ya se están desarrollando o que estarían por desarrollarse en el siglo XXI.

En este sentido, es interesante observar que mientras no se tome un aspecto fundamental el análisis de este carácter político del currículum se pueden apoyar proyectos con los cuales en principio se estaría en desacuerdo. Las ausencias y los silencios también perfilan las vinculaciones.

Por ejemplo es interesante observar que en el foro dedicado al análisis de la formación de profesionales para el siglo XXI celebrado en Guadalajara en 1988 se contó con la presencia del sector industrial, científico y académico del país, así como la ausencia, en términos generales, de los sectores populares, obrero y campesino. Esto es, de sindicatos, cooperativas y organizaciones políticas populares.

Pareciera que con la superación del populismo de las últimas décadas se hubieran superado también los graves problemas que sufren los sectores señalados en el país, y que de múltiples formas están sufriendo también ya las clases medias.

Puede afirmarse que la investigación curricular en México está lejos de esta preocupación. Sin embargo, el carácter político-educativo del currículum en este campo de estudio y práctica social es un silencio estructurado que puede soslayarse e ignorarse, ante el cual se permanece indiferente, tal vez porque se está en un momento especialmente crítico en el cual definir de manera explícita y evidente estas vinculaciones resulta una tarea no sólo embarazosa, sino casi imposible.

Pareciera ser que, más que forzar la perfilación de tal proyecto, o tales proyectos, sería importante estar atentos a las tendencias y los movimientos que están desplegando, tanto en la sociedad nacional como en el ámbito internacional.

Ideas como nación, Estado y sociedad civil se perfilan como centrales en dicha tarea de estar atentos ante las tendencias y movimientos que actualmente se están desarrollando.

En cuanto a estas nociones cabe señalar que nos encontramos ante una situación difícil en la medida en que se están transformando, tanto ellas mismas como los procesos que intentan comprender. Cada una de éstas se encuentra atravesada por nuevos elementos conceptuales que exigen ser repensadas, elementos conceptuales que se han estado gestando en el devenir histórico-social de las últimas décadas. En cuanto a la noción de nación, se ha rebasado en cierto sentido la polémica entre nacionalismo e internacionalismo sostenida en las primeras décadas del siglo y duramente golpeada ante la aglutinación nacional observada en las guerras mundiales, pese a la consigna del internacionalismo socialista.

La cuestión nacional vuelve a ser un tópico de interés mundial, más las aristas analíticas han cambiado. Por ejemplo, se piensa hoy en día en lo nacional vinculado al problema de indentidad.

En México este es un problema que tiende a cobrar cada vez mayor importancia. ¿Quiénes somos los mexicanos? ¿Cuál es nuestra identidad? Respuesta fácil será afirmar que somos mestizos y nuestras raíces se encuentran en lo español y lo indígena, en la medida en que se logre apreciar el juego de sentidos, significados y valoraciones que en esto se encuentra, además de asumir la incorporación de amplios grupos de otros países a la sociedad nacional, los cuales tienden a permanecer en ella y, por tanto, de alguna manera a afectar la conformación de la nación.

En cuanto al Estado, cabría el análisis sobre el impacto social que ha tenido en grandes sectores de la sociedad mexicana el concebirlo de una manera maniqueísta y monolítica. Si se piensa el Estado como sociedad política, en el sentido de organismos del gobierno, y en la sociedad civil, es importante tener presente, con la vista puesta en los años por venir, las transformaciones que se empiezan a dar tanto en la estructura de gobierno como en la sociedad civil.

En cuanto al gobierno, estamos ante el tránsito de un régimen corporativista y presidencialista, con partido prácticamente único, a otro en el cual se trasluce y exige un nuevo pacto social, así como la presencia de un partido mayoritario, conteniendo y compartiendo el poder en ciertos espacios con otros partidos y fuerzas políticas que empiezan a manifestar claros signos de organizaciones e intenciones concretas de acceder al poder.

En cuanto a la sociedad civil, parece importante, en primer término, asumir que en la sociedad mexicana de los últimos años (podríamos decir que a raíz del sismo) se ha conceptualizado esta noción, en donde no sólo se piensa a la sociedad civil como las instituciones privadas de la sociedad, sino, y de manera fundamental, como la capacidad de articulación y movimiento de la sociedad, con un sentido social-popular.

Si bien he querido poner el acento en el carácter político del currículum, esto desde luego no es inocente e ingenuo y pareciera no serlo para todo aquel que trabaje con cierta seriedad en este campo.

No en vano Tyler tenía claridad cuando en su modelo curricular propone como una de las fuentes principales a la sociedad, entendiendo ésta, fundamentalmente, como el sector industrial de los Estados Unidos; o bien, Taba declara en su clásico Principios básicos del currículum:

"Se ha convenido en general que los rasgos generales de la 'crisis de la educación' están trazados y complicados entre sí por la coincidencia de dos fenómenos: los efectos transformadores de la ciencia y la tecnología sobre la sociedad y la aparición del totalitarismo comunista como fuerza imperialista en expansión" (1962:33).

Ya que, se percibe, esta autora tiene clara vinculación política básica curricular emprendida por los Estados Unidos en aquella época. De tal forma, pareciera ser importante aclarar por qué son significativas las presencias y las ausencias, si se trata de propiciar una vinculación distinta, y más directa, de la que hoy se ha dado, con la sociedad, para, junto con ésta y como parte de ella, enfrentar los retos del siglo XXI.

Me parece que no sólo es importante tener en cuenta como fuente o principio de las transformaciones curriculares los cambios innegables y trascendentales de los sistemas de producción a nivel internacional que están originando los procesos de reconversión industrial, sino, y de manera fundamental, tener presente el carácter político de estos posibles nuevos currícula, con la sociedad en su totalidad, con los diversos sectores de la sociedad: gobierno, iniciativa privada, obreros, campesinos; sociedad civil, en el sentido que aquí se ha entendido esta última.

Esto es, se piensa que es fundamental comprender y asumir la problemática de la indiferencia y, frente a ella, la esperanza, para no caer nuevamente en el vértigo de la fascinación de un progreso industrial y económico que en otros momentos históricos ha dado la espalda a problemas tan sensibles como lo son la distribución del poder y la riqueza.

Bibliografía

AGUIRRE LORA, M. E. (1981)* "Consideraciones sobre la formación docente", en: *Foro universitario*, 2, II época; enero 1981.

——— y R. M. SANDOVAL (1986) "El currículum formalizado y el currículum vivido", en: *Memoria del Foro de Análisis de la Licenciatura en Pedagogía en la ENEP-Aragón*, UNAM, México, ENEP-Aragón, UNAM, pp. 8-24.

ARREDONDO GALVÁN, M.; T. WUEST SILVA y otros (1979) "Notas para un modelo de docencia", en: *Perfiles Educativos*, 3, México, CISE-UNAM, enero-marzo, pp. 3-27.

ALTHUSSER, L. (1974) "Ideología y aparatos ideológicos de Estado", en: *La filosofía como arma de la revolución*, México, Siglo XXI.

APPLE, M. W. (1979) *Ideología y currículo*, Madrid, España, Akal, 1986.

——— (1982) *Educación y poder*, Barcelona, Paidós, 1987.

——— [ed.] (1982) *Cultural end Economic Reproduction in Education: Essays on Class, Ideology and the State*, Londres, Boston y Henley; Routledge & Kegan Paul.

——— (1986) *Teachers & Texts: a Political Economy of Class & Gender Relations in Education*, Nueva York, Routledge, 1988.

* El año es normalmente el de la primera edición o, en el caso de inéditos, el de su redacción o lectura pública.

ARONOWITZ, S. y H. A. GIROUX (1985) *Education under Siege: the Conservative, Liberal and Radical Debate over Schooling*, Massachusetts, Bergin & Garvey Publishers.

BARRÓN TIRADO, C.; Á. DÍAZ BARRIGA y B. R. BAUTISTA [comps.] (1983) *Encuentro sobre Diseño Curricular*, México, ENEP-Aragón, UNAM.

BAUDELOT, Ch. y R. ESTABLET (1971) *La escuela capitalista en Francia*, México, Siglo XXI, 1980.

BOWLES, S. y H. GINTIS (1976) *La instrucción escolar en la América capitalista: la reforma educativa y las contradicciones de la vida económica*, México, Siglo XXI, 1981.

BONFIL BATALLA, G. (1984) "Lo propio y lo ajeno", en: *La cultura popular*, México, Premia Editores/La Red de Jonás.

—— (1986) "La querella por la cultura", en: *Nexos*, 100, México, abril, pp. 7-13.

BLOCH, E. (1966) "Proceso y estructura", en: *Las nociones de estructura y génesis*, Buenos Aires, Nueva Visión, 1975, pp. 35-89.

BOURDIEU, P. y J.-Cl. PASSERON (1970) *La reproducción: elementos para una teoría del sistema de enseñanza*, Barcelona, Laia, 1977.

BRAVO MERCADO, Ma. Teresa; G. HERRERA LABRA y B. OROZCO FUENTES (1988) *Impacto de la reconversión industrial en la educación superior en México*, México, ENEP-Aragón, UNAM.

CARBONE, G. M. (1986) "Prólogo", en: Gimeno Sacristán, *Teoría de la enseñanza y desarrollo del currículo*, Buenos Aires, REI.

DE ALBA, A. (1983) "Evaluación de planes de estudio", en: *Encuentro sobre Diseño Curricular*, México, ENEP-Aragón, UNAM, pp. 65-103.

—— (1984a) "Consideraciones sobre la importancia de la Explicitación de Referentes Teóricos en el Campo del Desarrollo Curricular (Currículum y Teoría)" (Conferencia dictada en el Instituto Politécnico Nacional, octubre, mecanograma inédito).

—— (1984b) "Evaluación curricular: análisis de concepciones y experiencias en México" (proyecto de investigación; mecanograma inédito).

—— (1985a) "Análisis del discurso de la evaluación en la tecnología educativa", en: *Tecnología educativa*, Querétaro, Universidad Autónoma de Querétaro, pp. 101-16.

—— (1985b) "Evaluación de la congruencia interna de los planes de estudio: análisis de un caso", en: *Revista de la Educación Superior*, 54, México, ANUIES, abril-junio, pp. 111-136.

—— (1986a) "Conformación conceptual del campo de la evaluación curricular", en: *Evaluación curricular: concepciones, perspectivas y experiencias*, México, UNAM-Porrúa.

—— (1986b) "Teoría pedagógica y currículum de pedagogía: análisis de una materia", en: *Memoria del foro Análisis del Currículum de Pedagogía de la Licenciatura en la ENEP-Aragón*, México, ENEP-Aragón, UNAM, pp. 61-74.

—— (1986c) "Ciencias de la educación: prácticas profesionales en el campo educativo" (mecanograma inédito).

—— (1987a) "Algunas Reflexiones sobre el Desarrollo del Discurso Crítico del Currículum en México" (Ponencia presentada en la reunión de la Asociación Mexicana de Investigadores en Educación, AMIE, Guadalajara, Jal., junio.

—— (1987b) "Introducción al campo del currículum", en: De Alba, Alicia; Díaz Barriga, Ángel y Gonzáles Gaudiano, Edgar: *El campo del currículum*, México, UNAM-ANUIES (en prensa).

—— (1987c) *¿Teoría pedagógica? Lecturas introductorias*, México, CESU-UNAM, 1987.

—— (1990a) "Teoría y educación: notas para el análisis de la relación entre perspectivas epistemológicas y construcción, carácter y tipo de las teorías educativas", en: *Teoría y educación*, México, CESU-UNAM.

—— (1990b) "Educación: discursos y prácticas; notas para el análisis de la formación de profesionales para la educación", en: *Formación de profesionales de la educación*, México, UNAM-UNESCO-ANUIES, pp. 137-148.

—— y M. GUTIÉRREZ (1986) "La pluriculturalidad en la escuela primaria mexicana: un reto hacia la consolidación de la identidad nacional", en: *Educación primaria*, México, SEP, pp. 1-101.

——; M. VIESCA A. y otros (1988) "Ecología en los libros de texto en la escuela primaria", en: *Cero en Conducta*, 10, enero-febrero, México, pp. 9-15.

DERRIDA, J. (1966) "Génesis y estructura y la fenomenología", en: *Las nociones de estructura y génesis*, Buenos Aires, Nueva Visión, 1975, pp. 123-149.

DÍAZ BARRIGA, Á. (1984a) *Didáctica y currículum: convergencias en los programas de estudio*, México, Nuevomar.

—— (1984b) *Ensayos sobre la problemática curricular*, México, Trillas.

—— (1985a) "Didáctica *versus* tecnología educativa: problemas de una aproximación", en: *Tecnología educativa*, Querétaro, Universidad Autónoma de Querétaro, pp. 75-89.

—— (1985b) "La evolución del discurso curricular en México (1970-1982)", en: *Revista Latinoamericana de Estudios Educativos*, XV, 2, Centro de Estudios Educativos (CEE), México, pp. 67-79.

—— (1986) "Los orígenes de la problemática curricular", en: *Seis estudios sobre la educación superior*, México, CESU-UNAM.

—— (1988) "Tendencias e Innovaciones Curriculares en la Educación Nacional Superior" (trabajo presentado en el Foro Nacional de Innovaciones en la Educación Superior, Universidad Autónoma de Nuevo León).

—— (1989) "Debate en relación a la investigación curricular en México", en: *Desarrollo de la investigación en el campo del currículum*, México, ENEP-Iztacala, UNAM, pp. 49-65.

—— y C. BARRÓN TIRADO (1983) "La formación del pedagogo: análisis desde el diagnóstico de necesidades y la estructuración curricular por asignatura", en: *Encuentro sobre Diseño Curricular*, México, ENEP-Aragón, UNAM, pp. 175-195.

——— y ——— (1984) *El currículum de pedagogía: un estudio exploratorio desde una perspectiva estudiantil*, México, ENEP-Aragón, UNAM.

———, D. MARTÍNEZ, R. REYGADAS y G. VILLASEÑOR (1989) *Práctica docente y diseño curricular (un estudio exploratorio en la UAM-Xochimilco)*, México, CESU-UNAM/UAM-Xochimilco.

EDELSTEIN, G. y A. RODRÍGUEZ DUSSET (1974) "El método: factor unificador y definitorio de la instrumentación didáctica", en: *Ciencias de la Educación*, 12, Buenos Aires, Axis.

EGGLESTON, J. (1977) *Sociología del currículo escolar*, Buenos Aires, Troquel, 1980.

FOLLARI, R. A. (1982a) "Respuesta al documento base de la comisión sobre desarrollo curricular", en: *Foro Universitario*, 15, STUNAM, México, febrero, pp. 48-53.

——— (1982b) *Interdisciplinariedad: los avatares de la ideología*, México, UAM-Azcapozalco.

——— (1983) "El currículum como práctica social", en: *Encuentro sobre Diseño Curricular*, México, ENEP-Aragón, UNAM, pp. 41-64.

——— y J. BERRUEZO (1981) "Criterios e instrumentos para la revisión de planes de estudio", en: *Revista Latinoamericana de Estudios Educativos*, XI, I, México, Centro de Estudios Educativos, pp. 161-185.

FOUCAULT, M. (1966) *Las palabras y las cosas*, México, Siglo XXI, 1984.

——— (1969) *La arqueología del saber*, México Siglo XXI, 1979.

——— (1975) *Vigilar y castigar*, México, Siglo XXI, 1988.

——— (1976) *Historia de la sexualidad I*, México, Siglo XXI, 1987.

——— (1978) *Microfísica del poder*, Madrid, La Piqueta, 1979.

——— (1965) *El discurso del poder*, México, Folios, 1979, 1984.

FURLÁN, A. (1989) "Currículum e investigación", en: *Desarrollo de la Investigación en el campo del currículum*, México, ENEP-Iztacala, UNAM, pp. 66-79.

———, F. ORTEGA PÉREZ, V. E. REMEDI, M. Á. CAMPOS y M. E. MARZOLA (1979) *Aportaciones a la didáctica de la educación superior*, México, ENEP-Iztacala-UNAM.

——— y A. REMEDI (1983) "Discurso curricular, selección de la actividad, organización del contenido: tres prácticas que se reiteran; reflexiones sobre nuestra experiencia en la ENEP-Iztacala, 1975-1979", en: Experiencias Curriculares en la Última Década (simposio), México, DIE, 1983.

——— y P. ARTISI (1983) "Razón técnica y currículum", en: *Encuentro sobre Diseño Curricular*, México, ENEP-Aragón, UNAM, pp. 29-40.

——— y M. Á. PASILLAS [comps.] (1989) *Desarrollo de la investigación en el campo del currículum*, México, ENEP-Iztacala, UNAM.

GALEANO, E. (1971) *Las venas abiertas de América Latina*, México, Siglo XXI, 1980.

GIMENO SACRISTÁN, J. y A. PÉREZ GÓMEZ (1983) *La enseñanza: su teoría y su práctica*, Madrid, Akal, 1985.

GIROUX, H. A. (1979) "Hacia una nueva sociología del currículo", en: Isabel Galán y Dora Elena Marín, *Investigación para evaluar el currículo universitario*, México, UNAM-Porrúa, 1988, pp. 41-46.

——— (1981) *Ideology, Culture and the Process of Schooling*, Filadelfia, Temple University Press.

——— (1983) "Teorías de la reproducción y la resistencia en la nueva sociología de la educación: un análisis crítico", en: *Cuadernos Políticos*, 44, México, julio-diciembre, pp. 36-65.

——— (1983) *Theory & Resistance in Education: a Pedagogy for the Oposition*, Massachusetts, Bergin & Garvey.

——— (1988a) *Schooling and the Struggle for Public Life. Critical Pedagogy in the Modern Age*, Minnesota, University of Minnesota Press.

——— (1988b) *Teachers as Intellectuals: toward a Critical Pedagogy of Learning*, Massachusetts, Bergin & Garvey.

———, A. N. PENNA y W. F. PINAR (1981) "Introducción y perspectivas del campo curricular", en: *Evaluación Curricular: concepciones, perspectivas y experiencias*, UNAM, Porrúa (en prensa).

—— y P. L. MCLAREN [eds.] (1989) *Critical Pedagogy, the State and Cultural Struggle*, Nueva York, State University of New York Press.

GLAZMAN, R. (1989) "Los actores de la investigación curricular al inicio de 1988", en: *Desarrollo de la investigación en el campo del currículum*, México, ENEP-Iztacala, UNAM, pp. 80-85.

—— y M. de IBARROLA (1980) *Diseño de planes de estudio*, México, CISE-UNAM, s/f.

—— y —— (1987) *Planes de estudios: propuestas institucionales y realidad curricular*, México, Nueva Imagen.

GONZÁLEZ GAUDIANO, E. (1982a) "Reseña cronológica del planteamiento curricular norteamericano", en: *Evaluación Curricular: concepciones, perspectivas y experiencias*, UNAM-Porrúa (en prensa).

—— (1982b) "Implicaciones institucionales en la génesis de los procesos de reestructuración curricular", México, ENEP-Zaragoza, UNAM (mecanograma inédito).

—— (1982c) "La relación maestro-alumno desde la perspectiva de los planes de estudio", en: *Tópicos pedagógicos,* México, ENEP-Zaragoza, UNAM, pp. 25-31.

—— (1983) "Implicaciones políticas y metodológicas del desarrollo curricular en educación superior", en Encuentro sobre Diseño Curricular, México, ENEP-Aragón, UNAM, pp. 139-165.

—— (1986) "El currículum universitario", en: *Evaluación curricular: concepciones, perspectivas y experiencias*, UNAM-Porrúa (en prensa).

——, S. VARESE y otros (1986b) *Bases generales de la educación indígena*, México, SEP.

GRAMSCI, A. (1929-1932) *La alternativa pedagógica*, Barcelona, Fontamara, 1981.

GUEVARA NIEBLA, G. (1976) *El diseño curricular*, México, UAM-Xochimilco.

HEGEL, G. W. F. (1807) *La fenomenología del espíritu*, México, Fondo de Cultura Económica, 1982.

HOYOS MEDINA, C. Á. (1983) "Los currícula: ¿racionalidad ante qué?", en: *Encuentros sobre diseño Curricular*, México, ENEP-Aragón, UNAM, pp. 104-125.

JACKSON, P. W. (1981) "El currículum y sus descontentos", traducción por Celia Palacios Suárez de la ENEP-Zaragoza, UNAM, para el Seminario de Evaluación Curicular: Concepciones, Perspectivas y Propuestas, México, CESU-UNAM, mayo 1987 (mecanograma inédito tomado de Education & Instruction: Alternatives in Education, McCuthan Publishing Corporation, Berkeley, California).

KURI, A. y R. FOLLARI (1985) "Para una crítica de la tecnología educativa: marco teórico e historia", en: *Tecnología educativa*, Querétaro, Universidad Autónoma de Querétaro, pp. 45-74.

LANDESMAN, M. [comp.] (1988) *Currículum, racionalidad y conocimiento*, Culiacán, Universidad Autónoma de Sinaloa.

LEFEBVRE, H. (1968) "Forma, función y estructura en *El capital*", en: *Estructuralismo y marxismo*, México, Grijalbo, 1985, pp. 9-39.

LYOTARD, J.-F. (1986a) *El entusiasmo: crítica kantiana de la historia*, Barcelona, Gedisa, 1987.

——— (1986b) *La posmodernidad (explicada a los niños)*, Barcelona, Gedisa, 1987.

MARDONES, J. M. y N. URSÚA (1982) *Filosofía de las ciencias humanas y sociales; materiales para una fundamentación científica*, Barcelona, Fontamara, 1983.

MARÍN MÉNDEZ, D. E. y Ma. I. GALÁN GIRAL (1986) "Evaluación curricular: una propuesta de trabajo para el estudio del rendimiento escolar", en: *Perfiles Educativos*, 32, México, CASE-CISE-UNAM, abril-mayo-junio, 1986; también se encuentra en Galán-Marín (1988) *Investigación para evaluar el currículo universitario*, México, UNAM-Porrúa, 1988, pp. 29-37.

——— y ——— (1988) "Estrategias de organización del trabajo en un proceso participativo de evaluación curricular", en: Galán-Marín (1988) *Investigación para evaluar el currículo universitario*, México, UNAM-Porrúa, pp. 77-81.

McLAREN, P. L. (1986) *Schooling as a Ritual Performance: toward a Political Economy of Educational Symbols and Gestures*, Londres, Boston y Henley; Routledge & Kegan Paul.

——— (1989) *Life in Schools: an Introduction to Critical Pedagogy in the Foundations of Education*, Nueva York y Londres, Longman.

MENDOZA ROJAS, J. (1981) "El proyecto ideológico modernizador de las políticas universitarias en México", en: *Perfiles Educativos*, 12, México, CISE-UNAM, abril-junio, pp. 3-21.

——— (1984) "Financiamiento de la educación superior: ¿estrangulamiento a las universidades públicas?", en: *I Foro Estado, Crisis y Educación Superior*, Querétaro, Universidad Autónoma de Querétaro, pp. 149-56.

PASILLAS VALDEZ, M. Á. (1985) "El currículum: un campo de controversia sobre el quehacer educativo en Norteamérica", México, ENEP-Acatlán, UNAM (tesis de lincenciatura).

PUIGGRÓS, A. (1980) *Imperialismo y educación en América Latina*, México, Nueva Imagen, 1981.

——— (1981) "La sociología de la educación en Baudelot y Establet", en: *Sociología de la educación: corrientes contemporáneas*, México, Centro de Estudios Educativos, pp. 279-302.

REMEDI, E. (1983) "Currículum y accionar docente", en: *Encuentro sobre Diseño Curricular*, México, ENEP-Aragón, UNAM, pp. 126-138.

——— (1985) "Notas para señalar: el maestro entre el contenido y el método", en: *Tecnología educativa*, Querétaro, Universidad Autónoma de Querétaro, pp. 91-99.

——— (1988) "Racionalidad y currículum: deconstrucción de un modelo", en: *Currículum, racionalidad y conocimiento*, Culiacán, Universidad Autónoma de Sinaloa, pp. 143-157.

RODRÍGUEZ OUSSET, A. (1983) "Currículum y sistema de enseñanza abierta", en: *Encuentro sobre Diseño Curricular*, México, ENEP-Aragón, UNAM, 1985, pp. 11-28.

———— (1985) "Tecnología educativa y teoría social", en: *Tecnología educativa*, Querétaro, Universidad Autónoma de Querétaro, pp. 33-41.

SÁNCHEZ VÁZQUEZ, A. (1968) "Estructuralismo e historia", en: *Estructuralismo y marxismo*, México, Grijalbo, 1985, pp. 41-79.

SCHWAB, J. J. (1969) *Un enfoque práctico para la planificación del currículo*, Buenos Aires, El Ateneo, 1974.

SERRANO, R. y MARITZA, Y. (1983) "El diseño curricular en la concepción educativa por objetos de transformación", en: *Encuentro sobre Diseño Curricular*, México, ENEP-Aragón, UNAM, 1983, pp. 1-10.

STENHOUSE, L. (1981) *Investigación y desarrollo del curículum*, Madrid, Morata, 1984.

STUBBS, M. (1976) *Lenguaje y escuela: análisis sociolingüístico y de la enseñanza*, Madrid, Cincel-Kapeluz, 1984.

TABA, H. (1962) *Elaboración del currículo*, Buenos aires, Troquel, 1979.

TENTI, E. (1983) "El campo de las ciencias de la educación: elementos de teoría e hipótesis para el análisis", en: *¿Teoría pedagógica? Lecturas introductorias*, México, CESU-UNAM, 1987.

TYLER, R. W. (1949) *Principios básicos del currículo*, Troquel, 1982.

WILLIAMS, R. (1977) *Marxismo y literatura*, Barcelona, Península, 1989.

———— (1981) *Cultura: sociología de la comunicación y el arte*, Barcelona, Paidós, 1982.

WILLIS, P. (1977) *Learning to Labor: How Working Class Kinds Get Working Class Jobs*, Nueva York, Columbia University Press, 1982.

ZEMELMAN, H. (1987a) *Uso crítico de la teoría: en torno a las funciones analíticas de la totalidad*, México, Universidad de las Naciones Unidas-El Colegio de México.

———— (1988b) *Conocimiento y sujetos sociales: contribuciones al estudio del presente*, México, El Colegio México, 1987.